Les Clima

Anna de Noailles

Alpha Editions

This edition published in 2024

ISBN : 9789362998071

Design and Setting By
Alpha Editions
www.alphaedis.com
Email - info@alphaedis.com

As per information held with us this book is in Public Domain.
This book is a reproduction of an important historical work. Alpha Editions uses the best technology to reproduce historical work in the same manner it was first published to preserve its original nature. Any marks or number seen are left intentionally to preserve its true form.

Contents

SYRACUSE .... - 1 -
LES SOIRS DU MONDE .... - 5 -
LE PORT DE PALERME .... - 9 -
DANS L'AZUR ANTIQUE .... - 11 -
LE DÉSERT DES SOIRS .... - 14 -
A PALERME, AU JARDIN TASCA .... - 15 -
AGRIGENTE .... - 18 -
L'AUBERGE D'AGRIGENTE .... - 21 -
L'ENCHANTEMENT DE LA SICILE .... - 23 -
PALERME S'ENDORMAIT... .... - 25 -
LES SOIRS DE CATANE .... - 27 -
MUSIQUE POUR LES JARDINS DE LOMBARDIE ... - 30 -
L'AIR BRULE, LA CHAUDE MAGIE .... - 33 -
LES JOURNÉES ROMAINES .... - 35 -
UN SOIR A VÉRONE .... - 39 -
UN AUTOMNE A VENISE .... - 42 -
VA PRIER DANS SAINT-MARC .... - 44 -
LA MESSE DE L'AURORE A VENISE .... - 46 -
SIROCCO A VENISE .... - 47 -
CLOCHES VÉNITIENNES .... - 48 -
L'ILE DES FOLLES A VENISE .... - 49 -
NUIT VÉNITIENNE .... - 51 -
MIDI SONNE AU CLOCHER DE LA TOUR SARRASINE .... - 52 -
JE N'AI VU QU'UN INSTANT... .... - 55 -
AINSI LES JOURS S'EN VONT .... - 57 -

LE RETOUR AU LAC LÉMAN	- 59 -
OCTOBRE ET SON ODEUR…	- 61 -
LES RIVES ROMANESQUES	- 63 -
AU PAYS DE ROUSSEAU	- 65 -
UN SOIR EN FLANDRE	- 67 -
BONTÉ DE L'UNIVERS QUE JE CROYAIS ÉTEINTE…	- 69 -
CHALEUR DES NUITS D'ÉTÉ	- 70 -
AUTOMNE	- 72 -
ARLES	- 73 -
LA NUIT FLOTTE	- 75 -
L'ÉVASION	- 77 -
CEUX QUI N'ONT RESPIRÉ…	- 79 -
LE CIEL BLEU DU MILIEU DU JOUR	- 81 -
LA TERRE	- 83 -
UN SOIR A LONDRES	- 84 -
RIVAGES CONTEMPLÉS	- 87 -
LA LANGUEUR DES VOYAGES	- 88 -
LE PRINTEMPS DU RHIN	- 89 -
CE MATIN CLAIR ET VIF…	- 92 -
LES NUITS DE BADEN	- 93 -
HENRI HEINE	- 95 -

SYRACUSE

*Excite maintenant tes compagnons du
chœur à célébrer l'illustre Syracuse!...*
PINDARE.

Je me souviens d'un chant du coq, à Syracuse!
Le matin s'éveillait, tempétueux et chaud;
La mer, que parcourait un vent large et dispos,
Dansait, ivre de force et de lumière infuse!

Sur le port, assailli par les flots aveuglants,
Des matelots clouaient des tonneaux et des caisses,
Et le bruit des marteaux montait dans la fournaise
Du jour, de tous ces jours glorieux, vains et lents;

J'étais triste. La ville illustre et misérable
Semblait un Prométhée sur le roc attaché;
Dans le grésillement marmoréen du sable
Piétinaient les troupeaux qui sortaient des étables;
Et, comme un crissement de métal ébréché,
Des cigales mordaient un blé blanc et séché.

Les persiennes semblaient à jamais retombées
Sur le large vitrail des palais somnolents;
Les balcons espagnols accrochaient aux murs blancs
Broyés par le soleil, leurs ferrures bombées:
Noirs cadenas scellés au granit pantelant...

Dans le musée, mordu ainsi qu'un coquillage
Par la ruse marine et la clarté de l'air,
Des bustes sommeillaient,—dolents, calmes visages,
Qui s'imprègnent encor, par l'éclatant vitrage,
De la vigueur saline et du limpide éther.

Une craie enflammée enveloppait les arbres;
Les torrents secs n'étaient que des ravins épars,
De vifs géraniums, déchirant le regard,
Roulaient leurs pourpres flots dans ces blancheurs de marbre...
Je sentais s'insérer et brûler dans mes yeux
Cet éclat forcené, inhumain et pierreux.

Une suture en feu joignait l'onde au rivage.
J'étais triste, le jour passait. La jaune fleur
Des grenadiers flambait, lampe dans le feuillage.
Une source, fuyant l'étreignante chaleur,
Désertait en chantant l'aride paysage.

Parfois sur les gazons brûlés, le pourpre épi
Des trèfles incarnats, le lin, les scabieuses,
Jonchaient par écheveaux la plaine soleilleuse,
Et l'herbage luisait comme un vivant tapis
Que n'ont pas achevé les frivoles tisseuses.

Le théâtre des Grecs, cirque torride et blond,
Gisait. Sous un mûrier, une auberge voisine
Vendait de l'eau: je vis, dans l'étroite cuisine,
Les olives s'ouvrir sous les coups du pilon
Tandis qu'on recueillait l'huile odorante et fine.

Et puis vint le doux soir. Les feuilles des figuiers
Caressaient, doigts légers, les murailles bleuâtres.
D'humbles, graves passants s'interpellaient; les pieds
Des chevreaux au poil blanc, serrés autour du pâtre,
Faisaient monter du sol une poudre d'albâtre.

Un calme inattendu, comme un plus pur climat,
Ne laissait percevoir que le chant des colombes.
Au port, de verts fanaux s'allumaient sur les mâts,
Et l'instant semblait fier, comme après les combats
Un nom chargé d'honneur sur une jeune tombe.
C'était l'heure où tout luit et murmure plus bas...

La fontaine Aréthuse, enclose d'un grillage,
Et portant sans orgueil un renom fabuleux,
Faisait un bruit léger de pleurs et de feuillage
Dans les frais papyrus, élancés et moelleux...

Enfin ce fut la nuit, nuit qui toujours étonne
Par l'insistante angoisse et la muette ardeur.
La lune plongeait, telle une blanche colonne,
Dans la rade aux flots noirs, sa brillante liqueur.

Un solitaire ennui aux astres se raconte:
Je contemplais le globe au front mystérieux,
Et qui, ruine auguste et calme dans les cieux,
Semble un fragment divin, retiré, radieux
De vos temples, Géla, Ségeste, Sélinonte!

—O nuit de Syracuse: Urne aux flancs arrondis!
Logique de Platon! Ame de Pythagore!
Ancien Testament des Hellènes; amphore
Qui verses dans les cœurs un vin sombre et hardi,
Je sais bien les secrets que ton ombre m'a dits.

Je sais que tout l'espace est empli du courage
Qu'exhalèrent les Grecs aux genoux bondissants;
Les chauds rayons des nuits, la vapeur des nuages
Sont faits avec leur voix, leurs regards et leur sang.

Je sais que des soldats, du haut des promontoires,
Chantant des vers sacrés et saluant le sort,
Se jetaient en riant aux gouffres de la mort
Pour retomber vivants dans la sublime Histoire!

Ainsi ma nuit passait. L'ache, l'anet crépu
Répandaient leurs senteurs. Je regardais la rade;
La paix régnait partout où courut Alcibiade,
Mais,—noble obsession des âges révolus,—
L'éther semblait empli de ce qui n'était plus...

J'entendis sonner l'heure au noir couvent des Carmes.
L'espace regorgeait d'un parfum d'orangers.
J'écoutais dans les airs un vague appel aux armes...
Et le pouvoir des nuits se mit à propager
L'amoureuse espérance et ses divins dangers:

O désir du désir, du hasard et des larmes!

LES SOIRS DU MONDE

O soirs que tant d'amour oppresse,
Nul œil n'a jamais regardé
Avec plus de tendre tristesse
Vos beaux ciels pâles et fardés!
J'ai délaissé dès mon enfance
Tous les jeux et tous les regards,
Pour voguer sans peur, sans défense,
Sur vos étangs qui veillent tard.

Par vos langueurs à la dérive,
Par votre tiède oisiveté,
Vous attirez l'âme plaintive
Dans les abîmes de l'été...

O soir naïf de la Zélande,
Qui, timide, ingénu, riant,
Semblez raconter la légende
Des pourpres étés d'Orient!

Soir romain, aride malaise,
Et ce cri d'un oiseau perdu
Au-dessus du palais Farnèse,
Dans le ciel si sec, si tendu!

Soir bleu de Palerme embaumée,
Où les parfums épais, fumants,
S'ajoutent à la nuit pâmée
Comme un plus fougueux élément.

Sur la vague tyrrhénienne,
Dans une vapeur indigo,
Un voilier fend l'onde païenne
Et dit: «Je suis la nef Argo!»

Par des ruisseaux couleur de jade,
Dans des senteurs de mimosa,
La fontaine arabe s'évade,
Au palais roux de la Ziza.

Dans le chaud bassin du Musée,
Les verts papyrus, s'effilant,
Suspendent leur fraîche fusée
A l'azur sourd et pantelant:

O douceur de rêver, d'attendre
Dans ce cloître aux loisirs altiers
Où la vie est inerte et tendre
Comme un repos sous les dattiers!

Catane où la lune d'albâtre
Fait bondir la chèvre angora,
Compagne indocile du pâtre
Sur la montagne des cédrats!

Derrière des rideaux de perles,
Chez les beaux marchands indolents,
Des monceaux de fraises déferlent
Au bord luisant des vases blancs.

Quels soupirs, quand le soir dépose
Dans l'ombre un surcroît de chaleur!
L'œillet, comme une pomme rose,
Laisse pendre sa lourde fleur.

L'emportement de l'azur brise
Le chaud vitrail des cabarets
Où le sorbet, comme une brise,
Circule, aromatique et frais.

La foule adolescente rôde
Dans ces nuits de soufre et de feu;

Les éventails, dans les mains chaudes,
Battent comme un cœur langoureux.

—Blanc sommeil que l'été surmonte
Des fleurs, la mer calme, un berger;
O silence de Sélinonte
Dans l'espace immense et léger!

Un soir, lorsque la lune argente
Les temples dans les amandiers,
J'ai ramassé près d'Agrigente
L'amphore noire des potiers;

Et sur la route pastorale,
Dans la cage où luisait l'air bleu,
Une enfant portait sa cigale,
Arrachée au pin résineux...

—J'ai vu les nuits de Syracuse,
Où, dans les rocs roses et secs,
On entend s'irriter la Muse
Qui pleure sur dix mille Grecs;

J'ai, parmi les gradins bleuâtres,
Vu le soleil et ses lions
Mourir sur l'antique théâtre,
Ainsi qu'un sublime histrion;

Et, comme j'ai du sang d'Athènes,
A l'heure où la clarté s'enfuit,
J'ai vu l'ombre de Démosthène
Auprès de la mer au doux bruit...

—Mais ces mystérieux visages,
Ces parfums des jardins divins,
Ces miracles des paysages
N'enivrent pas d'un plus fort vin

Que mes soirs de France, sans bornes,
Où tout est si doux, sans choisir;
Où sur les toits pliants et mornes
L'azur semble fait de désir;
Où, là-bas, autour des murailles,
Près des étangs tassés et ronds,
S'éloigne, dans l'air qui tressaille,
L'appel embué des clairons...

LE PORT DE PALERME

Je regardais souvent, de ma chambre si chaude,
Le vieux port goudronné de Palerme, le bruit
Que faisaient les marchands, divisés par la fraude.
Autour des sacs de grains, de farine et de fruits,
Sous un beau ciel, teinté de splendeur et d'ennui...

J'aimais la rade noire et sa pauvre marine,
Les vaisseaux délabrés d'où j'entendais jaillir
Cet éternel souhait du cœur humain: partir!
Les vapeurs, les sifflets faisaient un bruit d'usine
Dans ces cieux où le soir est si lent à venir...

C'était l'heure où le vent, en hésitant, se lève
Sur la ville et le port que son aile assainit.
Mon cœur fondait d'amour, comme un nuage crève.
J'avais soif d'un breuvage ineffable et béni,
Et je sentais s'ouvrir, en cercles infinis,
Dans le désert d'azur les citernes du rêve.

Qu'est-ce donc qui troublait cet horizon comblé?
La beauté n'a donc pas sa guérison en elle?
Par leurs puissants parfums les soirs sont accablés;
La palme au large cœur souffre d'être si belle;
Tout triomphe, et pourtant veut être consolé!

Que signifient ces cieux sensuels des soirs tendres?
Ces jardins exhalant des parfums sanglotants?

Ces lacets que les cris des oiseaux semblent tendre
Dans l'espace intrigué, qui se tait, qui attend?

— A ces heures du soir où les mondes se plaignent,
O mortels, quel amour pourrait vous rassurer?
C'est pour mieux sangloter que les êtres s'étreignent;
Les baisers sont des pleurs, mais plus désespérés.

La race des vivants, qui ne veut pas finir,
Vous a transmis un cœur que l'espace tourmente,
Vous poursuivez en vain l'incessant avenir...
C'est pourquoi, ô forçats d'une éternelle attente,
Jamais la volupté n'achève le désir!

DANS L'AZUR ANTIQUE

Espérances des humains, légères déesses...
DIOTIME D'ATHÈNES.

Sous un ciel haletant, qui grésille et qui dort,
Où chaque fragment d'air fascine comme un disque,
Rome, lourde d'été, avec ses obélisques
Dressés dans les agrès luisants du soleil d'or,
Tremblait comme un vaisseau qui va quitter le port
Pour voguer, pavoisé de ses mâts à ses cryptes,
Vers l'amour fabuleux de la reine d'Egypte.

Les buis des vieux jardins, comme un terne miroir
Tendaient au pur éther leur cristal vert et noir.
Un cyprès balançait mollement sous la brise
Sa cime délicate, entr'ouverte au vent lent,
Et un jet d'eau montait dans l'azur jubilant
Comme un cyprès neigeux qu'un vent léger divise...

J'errais dans les villas, où l'air est imprégné
Du solennel silence où rêve Polymnie;
Je voyais refleurir le temps que remanie
La vie ingénieuse, incessante, infinie;
Et, comme un messager antique et printanier,
De frais ruisseaux couraient sous les mandariniers.

Dans un jardin romain, un vieux masque de pierre
M'attirait: à travers ses lèvres, ses paupières,
On voyait fuir, jaillir l'azur torrentiel;
Et ce masque semblait, avec la voix du ciel,
Héler l'amour, l'espoir, les avenirs farouches.
Une même clameur s'élançait de ma bouche,
Et, pleine de détresse et de félicité,
Je m'en allais, les bras jetés vers la beauté!...

J'ai vu les lieux sacrés et sanglants de l'Histoire,
Les Forums écroulés sous le poids clair des cieux,
La nostalgique paix des Arches des Victoires
Où l'azur fait rouler son char silencieux.

J'ai vu ces grands jardins où le palmier qui rêve,
Elancé dans l'éther et tordu de plaisir,
Semble un ardent serpent qui veut tendre vers Ève
Le fruit délicieux du douloureux désir.

Les soirs de Sybaris et la mer africaine
Prolongeaient devant moi les baumes de mon cœur;
L'Arabie en chantant me jetait ses fontaines,
Les âmes me suivaient à ma suave odeur.

Comme l'âpre Sicile épique et sulfureuse,
Je contenais les Grecs, les Latins et les Francs,
Et ce triangle auguste, en ma pensée heureuse,
Brillait comme un fronton de marbre et de safran!

Un jour, l'été flambait, le temple de Ségeste
Portait la gloire d'être éternel sans effort,
Et l'on voyait monter, comme un arpège agreste,
Le coteau jaune et vert dans sa cithare d'or!

Le blanc soleil giclait au creux d'un torrent vide;
Des chevaux libres, fiers, près des hampes de fleurs
S'ébrouaient; les parfums épais, gluants, torrides
Mettaient dans l'air comblé des obstacles d'odeurs.

Des lézards bleus couraient sur les piliers antiques
Avec un soin si gai, si chaud, si diligent,
Que l'imposant destin des pierres léthargiques
Semblait ressuscité par des veines d'argent!

Des insectes brûlants voilaient mes deux mains nues:
Je contemplais le sort, la paix, l'azur si long,

Et parfois je croyais voir surgir dans la nue
La lance de Minerve et le front d'Apollon.

Devant cette splendeur sereine, ample, équitable,
Où rien n'est déchirant, impétueux ou vil,
Je songeais lentement au bonheur misérable
De retrouver tes yeux où finit mon exil...

Je jette sous tes pieds les noirs pipeaux d'Euterpe,
Dont j'ai fait retentir l'azur universel
Quand mes beaux cieux luisaient comme des coups de serpe,
Quand mon blanc Orient brillait comme du sel!

Je quitte les regrets, la volonté, le doute,
Et cette immensité que mon cœur emplissait,
Je n'entends que les voix que ton oreille écoute,
Je ne réciterai que les chants que tu sais!

Je puiserai l'été dans ta main faible et chaude,
Mes yeux seront sur toi si vifs et si pressants
Que tu croiras sentir, dans ton ombre où je rôde,
Des frelons enivrés qui goûtent à ton sang!

Car, quels que soient l'instant, le jour, le paysage,
Pourquoi, doux être humain, rien ne me manque-t-il
Quand je tiens dans mes doigts ton lumineux visage
Comme un tissu divin dont je compte les fils?...

LE DÉSERT DES SOIRS

Dans la chaleur compacte et blanche ainsi qu'un marbre,
Le miroir du soleil étale un bleu cerceau.
Comme un troupeau secret d'aériens chevreaux
La rapace chaleur a dévoré les arbres.
Palerme est un désert au blanc scintillement,
Sur qui le parfum met un dais pesant et calme...
Les stores des villas, comme de jaunes palmes,
Aux vérandas qui n'ont ni portes ni vitrail
Sont suspendus ainsi que de frais éventails.
La mer a laissé choir entre les roses roches
Son immense fardeau de plat et chaud métal.
Un mur qu'on démolit vibre au contact des pioches;
Une voiture flâne au pas d'un lent cheval,
Tandis que, sous l'ombrelle ouverte sur le siège,
Un cocher sarrasin mange des citrons mous.
La chaleur duveteuse est faible comme un liège;
Sa molle densité a d'argentins remous.
Je suis là: je regarde et respire; que fais-je?
Puisque cet horizon que mon regard contient
Et que je sens en moi plus aigu qu'une lame,
Mon esprit ne peut plus l'enfoncer dans le tien...

Je dédaigne l'espace en dehors de ton âme...

A PALERME, AU JARDIN TASCA...

J'ai connu la beauté plénière,
Le pacifique et noble éclat
De la vaste et pure lumière,
A Palerme, au jardin Tasca.

Je me souviens du matin calme
Où j'entrais, fendant la chaleur,
Dans ce paradis sous les palmes
Où l'ombre est faite par des fleurs.

L'heure ne marquait pas sa course
Sur le lisse cadran des cieux,
Où le lourd soleil spacieux
Fait bouillonner ses blanches sources.

J'avançais dans ces beaux jardins
Dont l'opulence nonchalante
Semble descendre avec dédain
Sur les passantes indolentes.

L'ardeur des arbres à parfums
Flamboyait, dense et clandestine;
Je cherchais parmi les collines
Naxos, au nom doux et défunt.

Comme des ruches dans les plaines,
Des entassements de citrons
Sous leurs arbres sombres et ronds
Formaient des tours de porcelaine.

Les parfums suaves, amers,
De ces citronniers aux fleurs blanches
Flottaient sur les vivaces branches
Comme la fraîcheur sur la mer.

Creusant la terre purpurine,
D'alertes ruisseaux ombragés
Semblaient les pieds aux bonds légers
De jeunes filles sarrasines!

Je me taisais, j'étais sans vœux,
Sans mémoire et sans espérance;
Je languissais dans l'abondance.
━O pays secrets et fameux,

J'ai vu vos grâces accomplies,
Vos blancs torrents, vos temples roux,
Vos flots glissants vers l'Ionie,
Mais mon but n'était pas en vous;

Vos nuits flambantes et précises,
Vos maisons qu'un pliant rideau
Livre au chaud caprice des brises;
Les pas sonores des chevreaux
Sur les pavés près des églises;

Vos monuments tumultueux,
Beaux comme des tiares de pierre,
Les hauts cyprès des cimetières,
Et le soir, la calme lumière
Sur les tombeaux voluptueux,

Les quais crayeux, où les boutiques,
Regorgeant de fruits noirs et secs,
Affichent la noblesse antique
Du splendide alphabet des Grecs;

L'étincelante ardeur du sol,
Où passent, riches caravanes,
Des mules vêtues en sultanes
Trottant sous de blancs parasols,

Toutes ces beautés étrangères
Que le cœur obtient sans effort,
N'ont que des promesses de mort
Pour une âme intrépide et fière,

Et j'ai su par ces chauds loisirs,
Par ce goût des saveurs réelles,
Qu'on était, parmi vos plaisirs,
Plus loin des choses éternelles
Qu'on ne l'était par le désir!...

AGRIGENTE

*O nymphe d'Agrigente aux élégantes parures, qui règnes sur
la plus belle des cités mortelles, nous implorons ta bienveillance!*
PINDARE.

Le ciel est chaud, le vent est mou;
Quel silence dans Agrigente!
Un temple roux, sur un sol roux
Met son reflet comme une tente...

Les oiseaux chantent dans les airs;
Le soleil ravage la plaine;
Je vois, au bout de ce désert,
L'indolente mer africaine.

Brusquement un cri triste et fort
Perce l'air intact et sans vie;
La voix qui dit que Pan est mort
M'a-t-elle jusqu'ici suivie?

Et puis l'air retombe; la mer
Frappe la rive comme un socle;
Tout dort. Un fanal rouge et vert
S'allume au vieux port Empédocle.

L'ombre vient, par calmes remous;
Dans l'éther pur et pathétique
Les astres installent d'un coup
Leur brasillante arithmétique!

Soudain, sous mon balcon branlant,
J'entends des moissonneurs, des filles
Défricher un champ de blé blanc,
Qui gicle au contact des faucilles;

Et leur fièvre, leur sèche ardeur,
Leur clameur nocturne et païenne
Imitent, dans l'air plein d'odeurs,
Le cri des nuits éleusiennes!

Un pâtre, sur un lourd mulet,
Monte la côte tortueuse;
Sa chanson lascive accolait
La noble nuit silencieuse;

Dans les lis, lourds de pollen brun,
Le bêlement mélancolique
D'une chèvre, ivre de parfums,
Semble une flûte bucolique.

—Donc, je vous vois, cité des dieux.
Lampe d'argile consumée,
Agrigente au nom spacieux,
Vous que Pindare a tant aimée!

Porteuse d'un songe éternel,
O compagne de Pythagore!
C'est vous cette ruche sans miel,
Cette éparse et gisante amphore!

C'est vous ces enclos d'amandiers,
Ce sol dur que les bœufs gravissent,
Ce désert de sèches mélisses,
Où mon âme vient mendier.

Ah! quelle indigente agonie!
Et l'on comprendrait mon émoi,
Si l'on savait ce qu'est pour moi
Un peu de l'Hellade infinie:

Car, sur ce rivage humble et long,
Dans ce calme et morne désastre,

Le vent des flûtes d'Apollon
Passe entre mon cœur et les astres!

L'AUBERGE D'AGRIGENTE

Rien ne vient à souhait aux mortels...
PAUL LE SILENTIAIRE.

Dans un de ces beaux soirs où le puissant silence
Répond soudain, dans l'ombre, à l'esprit, interdit
D'écouter cet élan venant des Paradis
Contenter le désir qu'on a depuis l'enfance;

Dans un de ces soirs chauds qui nous fendent le cœur,
Et, comme d'une mine où gisent des turquoises,
Viennent extraire en nous de secrètes lueurs,
Et guident vers les cieux notre pensive emphase;

Dans ces languides soirs qui font monter du sol
Des soupirs de parfums, j'étais seule, en Sicile;
Une cloche au son grave, ébranlant l'air docile,
Sonnait dans un couvent de moines espagnols.

Je songeais à la paix rigide de ces moines
Pour qui les nuits n'ont plus de déchirants appels.
Sur le seuil échaudé du misérable hôtel
Où l'air piquant cuisait des touffes de pivoines,
Deux chevaux dételés, mystiques, solennels,
Rêvaient l'un contre l'autre, auprès d'un sac d'avoine.

La mer, à l'infini, balançait mollement
L'impondérable excès de la clarté lunaire.
Les chèvres au pas fin, comme un peuple d'amants
Se cherchaient à travers le sec et blanc froment:
L'impérieux besoin de dompter et de plaire
Rencontrait un secret et long assentiment...

La nuit, la calme nuit, déesse agitatrice,
Regardait s'amasser l'amour sur les chemins;

Une palme éployait son pompeux artifice
Près des maigres chevaux qui, songeant à demain,
Aux incessants travaux de leur race indigente,
Se baisaient doucement.
Dans le moite jardin,
Vous méditiez sans fin, ô palme nonchalante!
Que j'étais triste alors, que mon cœur étouffait!
Un rêve catholique et sa force exigeante
M'empêchait d'écouter les bachiques souhaits
De la puissante nuit qui brille et qui fermente...

Et j'aimais ta douceur pudique et négligente,
Palmier de Bethléem sur le ciel d'Agrigente!

L'ENCHANTEMENT DE LA SICILE

*Je suis ému comme le dauphin des mers qui, au milieu des
flots paisibles, se plaît au doux son de la flûte.*
PINDARE.

Célestes horizons où mollement oscille
La bleuâtre chaleur qui baigne la Sicile,
Malgré nos froids hivers et mes longs désespoirs
Je n'ai rien oublié de la douceur des soirs:
Ni le dattier debout sur son ombre étoilée,
Ni la fontaine arabe, au marbre soufre et noir,
Qui fait gicler son eau rigide et fuselée,
Ni l'hôtel du rivage aux teintes de safran,
Ni la jaune mosquée ombrageant ses glycines,
Ni les vaisseaux, taillés dans un bois odorant,
Et qui passent, le soir, sur la mer de Messine...
—Ah! comme je connais, Palerme, ta splendeur,
Le tropical jardin, les caféiers en fleurs,
Les sonores villas par la chaleur usées,
Et le bruit de satin des pigeons du musée!
Musée où je voyais l'Arabie et ses ors,
Ses pots de blanc mica, ses légers miradors
Imprégner de santal l'air où sa paix infuse,
Tandis que, tel un dieu embrasé, fascinant,
Qui darde sur les cœurs son désir et sa ruse,
Le grand bélier d'argent du port de Syracuse
Avait je ne sais quoi d'avide et de tonnant...

Mettant sur mon regard mes deux mains comme un masque,
J'abordais la chaleur de midi. Dans les vasques,
Le pompeux papyrus condensait sa fraîcheur.
Une voiture avec un baldaquin de toile
Menait à Baïra, dormant sur la hauteur
Parmi des ronciers blancs et des chants de cigales,
Comme un mauresque hospice enduit d'un lait de chaux...
Montréal et son cloître ouvrait à l'azur chaud
Sa cuve où grésillaient les bananiers d'Afrique.
L'église, ruisselant de fières mosaïques,
Élançant ses piliers, minces comme des mâts,

Où l'or se suspendait en lumineuses grappes,
Ressemblait, par l'ardent et monastique éclat,
A vous, sainte brûlante, ô Rose de Lima,
Que l'on voit alanguie auprès d'un jeune pape...

Des muletiers passaient en bonnet espagnol;
La fleur de l'aloès reflétait sur le sol
Le miracle étonné d'un calice de braise.
Des enfants transportaient des paniers, où les fraises
Bondissaient, retombaient, se mouvaient, rouge essaim,
Comme un jet d'eau pourpré qui pique le bassin.
Un marchand grec, coiffé de noire cotonnade,
Repoussait de ses cris et de ses sombres mains
L'assourdissant troupeau de hargneuses pintades
Qui mordait son fardeau et barrait le chemin;
Effronté, laissant voir son torse nu qu'il cambre,
Un jeune homme, allongé sur le jaune talus,
Regardait de ses yeux scintillants et velus
Le sublime soleil abonder sur ses membres
Comme un flot de liqueur coule d'un flacon d'ambre...
L'horizon tressaillait d'un vertige or et bleu.

——Et puis toujours, là-bas, je voyais, pure et vaste,
La mer au grand renom, qui touche dans ses jeux
Les Cyclades, dormant sur des vagues de feu,
Le rivage d'Ulysse et celui de Jocaste,
L'herbe où des bergers grecs préludaient deux par deux...
——Et je songeais,—puissante, éparse, solitaire,—
Mêlée au temps sans bord ainsi qu'aux éléments,
Attirant vers mon cœur, comme un étrange aimant,
Tous les rêves flottant sur l'amoureuse terre;
J'attendais je ne sais quel grave et sûr plaisir...

Mais déçue aujourd'hui par tout ce qu'on espère,
Ayant tout vu sombrer, ayant tout vu fléchir,
O mon cœur sans repos ni peur, je vous vénère
D'avoir tant désiré, sachant qu'il faut mourir!

PALERME S'ENDORMAIT...

Palerme s'endormait; la mer Tyrrhénienne
Répandait une odeur d'âcre et marin bétail:
Odeur d'algues, d'oursins, de sel et de corail,
Arôme de la vague où meurent les sirènes;
Et cette odeur, nageant dans les tièdes embruns,
Avait tant de hardie et vaste violence,
Qu'elle semblait une âpre et pénétrante offense
A la terre endormie et presque sans parfums...

Le geste de bénir semblait tomber des palmes;
Des barques s'éloignaient pour la pêche du thon,
Je contemplais, le front baigné de vapeurs calmes,
La figure des cieux que regardait Platon.
On entendait, au bord des obscures terrasses,
Se soulever des voix que la chaleur harasse,
Tous les mots murmurés semblaient confidentiels;
C'était un long soupir envahissant l'espace;
Et le vent, haletant comme un oiseau qu'on chasse,
En gerbes de fraîcheur s'enfuyait vers le ciel...
—Creusant l'ombre, écrasant la route caillouteuse,
L'indolente voiture où nous étions assis
S'enfonçait dans la nuit opaque et sinueuse,
Sous le ciel nonchalant, immuable et précis;
C'était l'heure où l'air frais subtilement pénètre
La pierre au grain serré des calmes monuments;
Je n'étais pas heureuse en ces divins moments
Que l'ombre enveloppait, mais j'espérais de l'être,
Car toujours le bonheur n'est qu'un pressentiment:
On le goûte avant lui, sans jamais le connaître...
Dans un profond jardin qui longeait le chemin,
Des chats, l'esprit troublé par la saison suave,
Jetaient leurs cris brûlants de vainqueurs et d'esclaves.
Sur les ployants massifs d'œillets et de jasmins,
On entendait gémir leur ardente querelle
Comme un mordant combat de colombes cruelles...
—Puis revint le silence, indolent et puissant;
La voiture avançait dans l'ombre perméable.

Je songeais au passé; les vagues sur le sable
Avec un calme effort, toujours recommençant,
Déposaient leur fardeau de rumeurs et d'arômes...
Les astres, attachés à leur sublime dôme,
De leur secret regard, fourmillant et pressant,
Attiraient les soupirs des yeux qui se soulèvent...
—Et l'espace des nuits devint retentissant
Du cri silencieux qui montait de mes rêves!...

LES SOIRS DE CATANE

Catane languissait, éclatante et maussade;
Le laurier-rose en fleurs du jardin Bellini
Portait un poids semblable à de pourpres grenades;
C'était l'heure où le jour a lentement fini
De harceler l'azur qu'il flagelle et poignarde.
Les voitures tournaient en molle promenade
Sous le moite branchage aux parfums infinis...

On voyait dans la ville étroite et sulfureuse
Les étudiants quitter les Universités;
Leur figure foncée, active et curieuse,
Rayonnait de hardie et fraîche liberté
Sous le fléau splendide et morne de l'été...

Bousculant les marchands de fruits et de tomates,
Encombrant les trottoirs comme un torrent hâtif,
Les chèvres au poil brun, uni comme l'agate,
Dans le soir oppressant et significatif,
Fixaient sur moi leurs yeux directs, où se dilate
Un exultant entrain satanique et lascif.

Comme un tiède ouragan presse et distend les roses,
Le soir faisait s'ouvrir les maisons, les rideaux;
Des balcons de fer noir emprisonnaient les poses
Des nostalgiques corps, penchés hors du repos,
Comme on voit s'incliner des rameuses sur l'eau...

Des visages, des mains pendaient par les fenêtres,
Tant les femmes, ployant sous le poids du désir,
S'avançaient pour chercher, attirer, reconnaître,
Parmi les bruns garçons qui flânaient à loisir,
Le porteur éternel du rêve et du plaisir...

Tout glissait vers l'amour comme l'eau sur la pente.
Le ciel, languide et long, tel un soupir d'azur,

Étalait sa douceur langoureuse et constante
Où gisaient, comme l'or dans un fleuve ample et pur,
Les jasmins safranés mêlés aux citrons mûrs.

L'espace suffoquait d'une imprécise attente...

Élégants, débouchant de la rue en haillons,
Des jeunes gens montaient vers le bruyant théâtre
Que d'électriques feux teintaient de bleus rayons.
Leur hâte ressemblait à des effusions,
Chacun semblait courir aux nuits de Cléopâtre.
Des mendiants furtifs, quand nous les regardions,
Nous offraient des gâteaux couleur d'ambre et de plâtre.

Sur la place, où brillaient des palais d'apparat,
La foule vers minuit s'entassait, sinueuse:
Les pauvres, les seigneurs glissaient bras contre bras,
Un orchestre opulent jouait des opéras,
L'air se chargeait de sons comme une conque creuse;
Enfin tout se taisait; la foule restait tard.
On voyait les serments qu'échangeaient les regards,
Et c'était une paix limpide et populeuse...

Au lointain, par delà les façades, les gens,
La mer de l'Ionie, éployée et sereine,
Sous l'éclat morcelé de la lune d'argent,
Comme une aube mouillée élançait son haleine...

Les bateaux des pêcheurs, qu'un feu rouge éclairait,
Suivaient nonchalamment les vagues poissonneuses.
Le parfum du bétail marin, piquant et frais,
Ensemençait l'espace ainsi qu'un rude engrais.
Le ciel, ruche d'ébène aux étoiles fiévreuses,
A force de clarté semblait vivre et frémir...
— Et je vis s'enfoncer sur la route rocheuse
Un couple adolescent, qui semblait obéir
A cette loi qui rend muets et solitaires
Ceux que la volupté vient brusquement d'unir.

Et qui vont,—n'ayant plus qu'à songer et se taire,
Comme des étrangers qu'on chasse de la terre...

MUSIQUE POUR LES JARDINS DE LOMBARDIE

Les îles ont surgi des bleuâtres embruns...
O terrasses! balcons rouillés par les parfums!
Paysages figés dans de languides poses;
Plis satinés des flots contre les lauriers-roses;
Nostalgiques palmiers, poignants comme un sanglot,
Où des volubilis d'un velours indigo
Suspendent mollement leurs fragiles haleines!...
　Un papillon, volant sur les fleurs africaines,
Faiblit, tombe, écrasé par le poids des odeurs.
Hélas! on ne peut pas s'élever! La langueur
Coule comme un serpent de ce feuillage étrange,
Le thé, les camphriers se mêlent aux oranges.
Forêts d'Océanie où la sève, le bois
Ont des frissons secrets et de plaintives voix...
O vert étouffement, enroulement, luxure,
Crépitement de mort, ardente moisissure
Des arbres exilés, qu'usent en cet îlot
La caresse des vents et les baisers de l'eau...
　Et Pallanza, là-bas, sur qui le soleil flambe,
Semble un corps demi-nu, languissant, vaporeux,
Qui montre ses flancs d'or, mais dont les douces jambes
Se voilent des soupirs du lac voluptueux...
　O tristesse, plus tard, dans les nuits parfumées,
Quand les chauds souvenirs ont la moiteur du sang,
De revoir en son cœur, les paupières fermées,
Et tandis que la mort déjà sur nous descend,
Les suaves matins des îles Borromées!...

Je goûte vos parfums que les vents chauds inclinent,
Profonds magnolias, lauriers des Carolines...
　Les rames, sur les flots palpitants comme un cœur,
Imitent les sanglots langoureux du bonheur.
O promesse de joie, ô torpeur juvénile!
Une cloche se berce au rose campanile
Qui, délicat et fier, semble un cyprès vermeil;
Partout la volupté, la mélodie errante...
　O matin de Stresa, turquoise respirante,
Sublime agilité du cœur vers le soleil!

O soirs italiens, terrasses parfumées,
Jardins de mosaïque où traînent des paons blancs,
Colombes au col noir, toujours toutes pâmées,
Espaliers de citrons qu'oppresse un vent trop lent,
Iles qui sur Vénus semblent s'être fermées,
Où l'air est affligeant comme un mortel soupir,
Ah! pourquoi donnez-vous, douceurs inanimées,
Le sens de l'éternel au corps qui doit mourir!

Ah! dans les bleus étés, quand les vagues entre elles
Ont le charmant frisson du cou des tourterelles,
Quand l'Isola Bella, comme une verte tour,
Semble Vénus nouant des myrtres à l'Amour,
Quand le rêve, entraîné au bercement de l'onde,
Semble glisser, couler vers le plaisir du monde,
Quand le soir étendu sur ces miroirs gisants
Est une joue ardente où s'exalte le sang,
J'ai cherché en quel lieu le désir se repose...
— Douces îles, pâmant sur des miroirs d'eau rose,
Vous déchirez le cœur que l'extase engourdit.
Pourquoi suis-je enfermée en un tel paradis!

Ah! que lassée enfin de toute jouissance,
Dans ces jardins meurtris, dans ces tombeaux d'essence,
Je m'endorme, momie aux membres épuisés!
Que cet embaumement soit un dernier baiser,
Tandis que, sous les noirs bambous qui vous abritent,
Sous les cèdres, pesants comme un ciel sombre et bas,
Blancs oiseaux de sérail que le parfum abat,
Vous gémirez d'amour, colombes d'Aphrodite!

Des parfums assoupis aux rebords des terrasses,
L'azur en feu, des fleurs que la chaleur harasse,
Sur quel rocher d'amour tant d'ardeur me lia!...
— Colombes sommeillant dans les camélias,
Dans les verts camphriers et les saules de Chine,
Laissez dormir mes mains sur vos douces échines.

Consolez ma langueur, vous êtes, ce matin,
Le rose Saint-Esprit des tableaux florentins.
Tourterelles en deuil, si faibles, si lassées,
Fruits palpitants et chauds des branches épicées
Hélas! cet anneau noir qui cercle votre cou
Semble enfermer aussi mon âpre destinée,
Et vos gémissements m'annoncent tout à coup
Les enivrants malheurs pour lesquels je suis née...

L'AIR BRULE, LA CHAUDE MAGIE...

Que tu es heureuse, cigale,
quand, du sommet des arbres,
abreuvée d'une goutte de rosée,
tu dors comme une reine.
ANACRÉON.

L'air brûle, la chaude magie
De l'Orient pèse sur nous,
Nous périssons de nostalgie
Dans l'éther trop riche et trop doux.

On entrevoit un jardin vide
Que la paix du soir inclina,
Et là-bas, la mosquée aride
Couleur de sable et de grenat.

La dure splendeur étrangère
Nous étourdit et nous déçoit;
Je me sens triste et mensongère:
On n'est pas bon loin de chez soi.

Ce ciel, ces poivriers, ces palmes,
Ces balcons d'un rose de fard,
Comme un vaisseau dans un port calme
Rêvent aux transports du départ.

Ah! comme un jour brûlant est vide!
Que faudrait-il de volupté
Pour combler l'abîme torride
De ce continuel été!

Des œillets, lourds comme des pommes,
Épanchent leur puissante odeur;

L'air, autour de mon demi-somme,
Tisse un blanc cocon de chaleur...

Dans la chambre en faïence rouge
Où je meurs sous un éventail,
J'entends le bruit, qui heurte et bouge,
Des chèvres rompant le portail.

—Ainsi, c'est aujourd'hui dimanche,
Mais, dans cet exil haletant,
Au cœur de la cité trop blanche,
On ne sent plus passer le temps;

Il n'est des saisons et des heures
Qu'au frais pays où l'on est né,
Quand sur le bord de nos demeures
Chaque mois bondit, étonné.

Cette pesante somnolence,
Ce chaud éclat palermitain
Repoussent avec indolence
Mon cœur plaintif et mon destin;

Si je meurs ici, qu'on m'emporte
Près de la Seine au ciel léger,
J'aurai peur de n'être pas morte
Si je dors sous des orangers...

LES JOURNÉES ROMAINES

L'éther pris de vertige et de fureur tournoie,
Un luisant diamant de tant d'azur s'extrait.
Virant, psalmodiant, le vent divise et ploie
La pointe faible des cyprès.

C'est en vain que les eaux écumeuses et blanches,
Captives tout en pleurs des lourds bassins romains,
S'élèvent bruyamment, s'ébattent et s'épanchent:
Neptune les tient dans sa main.

Je contemple la rage impuissante des ondes;
Dans cette vague éparse en la jaune cité,
C'est vous qu'on voit jaillir, conductrice des mondes,
Amère et douce Aphrodite!

L'odeur de la chaleur, languissante et créole,
Stagne entre les maisons qui gonflent de soleil;
Comme un coureur ailé le ciel bifurque et vole
Au bord tranchant des toits vermeils;

Et là-bas, sous l'azur qui toujours se dévide,
Un jet d'eau, turbulent et lassé tour à tour,
Semble un flambeau d'argent, une torche liquide
Qu'agite le poing de l'Amour.

Rome ploie, accablé de grappes odorantes,
La surhumaine vie envahit l'air ancien,
Les chapiteaux brisés font fleurir leurs acanthes
Aux thermes de Dioclétien!

Dans ce cloître pâmé, des bacchantes blêmies
Gisent; silence, azur, léthargiques dédains!
Le soleil tombe en feu sur la gorge endormie
De ces Danaés des jardins...

Ils dorment là, liés par les roses païennes,
Ces corps de marbre blond, las et voluptueux:
O mes sœurs du ciel grec, chères Milésiennes,
Que de siècles sont sur vos yeux!

L'une d'elles voudrait se dégager; sa hanche
Soulève le sommeil ainsi qu'un flot trop lourd,
Mais tout le poids des temps et de l'azur la penche:
Elle rêve là pour toujours.

De vifs coquelicots, comme un sang gai, s'élancent
Parmi les verts fenouils, à Saint-Paul-hors-les-Murs
Un dôme en or suspend des colliers de Byzance
Au cou flamboyant de l'azur.

Ce matin, dans le vent qui vient puiser les cendres
Pour les mêler au jour ivre d'air et d'éclat,
Je respire ton cœur voluptueux et tendre,
Pauvre Cécile Métella!

Tu n'es pas à l'écart des saisons immortelles,
Un tourbillon d'azur te recueille sans fin;
Je n'ai pas plus de part que tes mânes fidèles
A l'univers vague et divin!

Les blancs eucalyptus et le cyprès qui chante,
Où viennent aboutir les longs soupirs des morts,
Racontent, chers défunts, vos détresses penchantes,
Votre sort pareil à nos sorts.

Quels familiers discours sur la voie Appienne!
Tissés dans le soleil, les morts vont jusqu'aux cieux;
Vous renaissez en moi, ombres aériennes,
Vous entrez dans mes tristes yeux!

Là-bas, sur la colline, un jeune cimetière
Étale sa langueur d'Anglais sentimental,

Les délicats tombeaux, dans les lis et le lierre,
Font monter un sang de cristal.

Midi luit; la villa des chevaliers de Malte
Choit comme une danseuse aux pieds brûlants et las.
Comme un fauve tigré l'air jaunit et s'exalte;
Une nymphe en pierre vit là.

Elle a les bras cassés, mais sa force éternelle
Empourpre de plaisir ses genoux triomphants;
Le néflier embaume, un jet d'eau est, près d'elle,
Secoué d'un rire d'enfant.

Les dieux n'ont pas quitté la campagne romaine,
Euterpe aux blonds pipeaux, Erato qui sourit,
Dansent dans le jardin Mattei, où se promène
Le saint Philippe de Néri.

—Mais c'est vous qui, ce soir, partagez mon malaise,
Dans l'église sans voix, au mur pâle et glacé,
Déesse catholique, ô ma sainte Thérèse,
Qui soupirez, les yeux baissés!

Malgré vos airs royaux, et la fierté divine
Dont s'enveloppe encor votre cœur emporté,
L'angoisse de vos traits permet que l'on devine
Votre douce mendicité.

O visage altéré par l'ardente torture
D'attendre le bonheur qui descend lentement,
Appel mystérieux, hymne de la nature,
Désir de l'immortel amant!

Je vous offre aujourd'hui, parmi l'encens des prêtres,
Comme un grain plus brûlant mis dans vos encensoirs,
Le rire que j'entends au bas de la fenêtre
Où je rêve, seule, le soir;

C'est le rire joyeux, épouvanté, timide
De deux enfants heureux, éperdus, inquiets,
Qui joignent leurs regards et leurs lèvres avides,
— Et dont tout le sanglot riait!

Ils riaient, ils étaient effrayés l'un de l'autre;
Un jet d'eau s'effritait dans le lointain bassin;
La lune blanchissait, de sa clarté d'apôtre,
La terrasse des Capucins.

Une palme portait le poids mélancolique
De l'éther sans zéphyr, sans rosée et sans bruit;
Rien ne venait briser son attente pudique,
Que ce rire aigu dans la nuit!

Et je n'entendis plus que ce rire nocturne,
Plus fort que les senteurs des terrasses de miel,
Plus vif que le sursaut des sources dans leur urne,
Plus clair que les astres au ciel.

— Je le prends dans mes mains, chaudes comme la lave,
Je le mêle aux élans de mon éternité,
Ce rire des humains, si farouche et si grave,
Qui prélude à la volupté!

UN SOIR A VÉRONE

Le soir baigne d'argent les places de Vérone;
Les cieux roses et ronds, rayés d'ifs, de cyprès,
Font à la ville une couronne
De tristes et verts minarets.

Sur les ors languissants du palais du Concile,
On voit luire, ondoyer un manteau duveté:
Les pigeons amoureux, dociles,
Frémissent là de volupté.

L'Adige, entre les murs de brique qu'il reflète,
Roule son rouge flot, large, brusque, puissant:
Dans la ville de Juliette
Un fleuve a la couleur du sang.

—O tragique douceur de la cité sanglante,
Rue où le passé vit sous les vents endormis:
Un masque court, ombre galante,
Au bal des amants ennemis.

Je m'élance, et je vois ta maison, Juliette!
Si plaintive, si noire, ainsi qu'un froid charbon.
C'est là que la fraîche alouette
T'épouvantait de sa chanson!

Que tu fus consumée, ô nymphe des supplices!
Que ton mortel désir était fervent et beau
Lorsque tu t'écriais: «Nourrice,
Que l'on prépare mon tombeau!

«Qu'on prépare ma tombe et mon funèbre somme,
Que mon lit nuptial soit violet et noir,
Si je n'enlace le jeune homme
Qui brillait au verger ce soir!...»

—Auprès de ta fureur héroïque et plaintive,
Auprès de tes appels, de ton brûlant tourment,
La soif est une source vive,
La faim est un rassasiement.

Hélas! tu le savais, qu'il n'est rien sur la terre
Que l'invincible amour, par les pleurs ennobli;
Le feu, la musique, la guerre,
N'en sont que le reflet pâli!

—Ma sœur, ton sein charmant, ton visage d'aurore,
Où sont-ils, cette nuit où je porte ton cœur?
La colombe du sycomore
Soupire à mourir de langueur...

Là-bas un lourd palais, couleur de pourpre ardente,
Ferme ses volets verts sous le ciel rose et gris;
Je pense au soir d'automne où Dante
Ecrivit là le Paradis;

La céleste douceur des tournantes collines
Emplissait son regard, à l'heure où las, pensifs,
Les anges d'Italie inclinent
Le ciel délicat sur les ifs.

Mais que tu m'es plus chère, ô maison de l'ivresse,
Balcon où frémissait le chant du rossignol,
Où Juliette qui caresse
Suspend Roméo à son col!

Ah! que tu m'es plus cher, sombre balcon des fièvres,
Où l'échelle de soie en chantant tournoyait,
Où les amants, joignant leurs lèvres,
Sanglotaient entre eux: «Je vous ai!»

—Que l'amour soit béni parmi toutes les choses,
Que son nom soit sacré, son règne ample et complet;

Je n'offre les lauriers, les roses,
Qu'à la fille des Capulet!

UN AUTOMNE A VENISE

Ah! la douceur d'ouvrir, dans un matin d'automne,
Sur le feuillage vert, rougeoyant et jauni
Que la chaleur d'argent éclabousse et sillonne,
Les volets peints en noir du palais Manzoni!

Des citronniers en pots, le thym, le laurier-rose
Font un cercle odorant au puits vénitien,
Et sur les blancs balcons indolemment repose
Le frais, le calme azur, juvénile, ancien!

Ah! quelle paix ici, dans ce jardin de pierre,
Sous la terrasse où traîne un damas orangé!
On n'entend pas frémir Venise aventurière,
On ne voit pas languir son marbre submergé...

Qu'importe si, là-bas, Torcello des lagunes
Communique aux flots bleus sa pâmoison d'argent,
Si Murano, rêveuse ainsi qu'un clair de lune,
Semble un vase irisé d'où monte un tendre chant!

Qu'importe si là-bas le rose cimetière,
Levant comme des bras ses cyprès verts et noirs,
Semble implorer encor la divine lumière
Pour le mort oublié qui ne doit plus la voir;

Si, vers la Giudecca où nul vent ne soupire,
Où l'air est suspendu comme un plus doux climat,
Dans une gloire d'or les langoureux navires
Bercent la nostalgie aux branches de leurs mâts;

Si, plein de jeunes gens, le couvent d'Arménie
Couleur de frais piment, de pourpre, de corail,
Semble exhaler, le soir, une plainte infinie
Vers quelque asiatique et savoureux sérail;

Si, brûlant de plaisir et de mélancolie,
Une fille, vendant des œillets, va, mêlant
Le poivre de l'Espagne au sucre d'Italie,
Tandis que sur Saint-Marc tombe un soir rose et lent!

— Je ne quitterai pas ce petit puits paisible,
Cet espalier par qui mon cœur est abrité;
Qu'Éros pour ses poignards retrouve une autre cible,
Mon céleste désir n'a pas de volupté!...

VA PRIER DANS SAINT-MARC...

Va prier dans Saint-Marc pour ta peine amoureuse;
Le temple de Byzance est sensible au péché;
Un parfum de benjoin, d'ambre, de tubéreuse,
Glisse des frais arceaux et des balcons penchés.

Va prier dans Saint-Marc pour ta douce folie;
Les pigeons assemblés sur la façade en or
Protègent les transports de la mélancolie,
Et les anges des cieux sont plus cléments encor.

Va prier dans Saint-Marc; les dalles, les rosaces
Ont l'éclat des bijoux et des tapis persans;
Depuis plus de mille ans dans ce palais s'entassent
Les profanes souhaits parfumés par l'encens.

Vois, sous leurs châles noirs, les tendres suppliantes
Joindre des doigts brûlants et songer doucement.
Divine pauvreté! cet Alhambra les tente
Moins que les cabarets où boivent leurs amants!

Va prier dans Saint-Marc. Le Dieu des Evangiles
Marche, les bras ouverts, dans de blonds paradis;
On entend les bateaux qui partent pour les îles,
Et les pigeons frémir au canon de midi.

Des mosaïques d'or, limpides alvéoles,
Glisse un mystique miel, lumineux, épicé;
Et vers la Piazzetta, de penchantes gondoles
Entraînent mollement les couples exaucés...

— Beau temple, que ta grâce est chaude, complaisante!
O jardin des langueurs, ô porte d'Orient!
Courtisane des Grecs, sultane agonisante,
Turban d'or et d'émail sous l'azur défaillant!

Tu joins l'odeur de l'ambre aux fastes exotiques,
Et tu meurs, des pigeons à ton sein agrafés,
Comme aux rives en feu des mers asiatiques,
La Basilique où dort sainte Pasiphaé!...

LA MESSE DE L'AURORE A VENISE

Les femmes de Venise, au lever du soleil,
Répandent dans Saint-Marc leur hésitante extase;
Leurs châles ténébreux sous les arceaux vermeils
Semblent de noirs pavots dans un sublime vase.

—Crucifix somptueux, Jésus des Byzantins,
Quel miel verserez-vous à ces pauvres ardentes,
Qui, pour vous adorer, désertent ce matin
Les ronds paniers de fruits étagés sous les tentes?

Si leur cœur délicat souffre de volupté,
Si leur amour est triste, inquiet ou coupable,
Si leurs vagues esprits, enflammés par l'été,
Rêvent du frais torrent des baisers délectables,

Que leur répondrez-vous, vous, leur maître et leur Dieu?
Tout en vous implorant, elles n'entendent qu'elles,
Et pensent que l'éclat allongé de vos yeux
Sourit à leurs naïfs sanglots de tourterelles.

—Ah! quel que soit le mal qu'elles portent vers vous,
Quel que soit le désir qui les brûle et les ploie,
Comblez d'enchantement leurs bras et leurs genoux,
Puisque l'on ne guérit jamais que par la joie...

SIROCCO A VENISE

Le sirocco, brusque, hardi,
Sur la ville en pierre frissonne;
C'est la fin de l'après-midi;
Ecoute les cloches qui sonnent
A Saint-Agnès, au Gesuati...

L'ouragan arrache la toile
D'un marché, où des paniers ronds
Débordent de brillants citrons
Que polit encor la rafale.

Je vois se saluer les cyprès d'un couvent;
Et dans le courant d'air des ruelles marines,
Un abbé vénitien, étourdi, gai, mouvant,
Qui retient son manteau, volant sur sa poitrine,
Semble un charmant Satan flagellé par le vent!

CLOCHES VÉNITIENNES

La pauvreté, la faim, le fardeau du soleil,
Le meurtrissant travail de cette enfant vieillie,
Qui respire, tressant l'osier jaune et vermeil,
L'odeur du basilic et de l'huile bouillie,

Les fétides langueurs des somnolents canaux,
La maison délabrée où pend une lessive,
Les fièvres et la soif, je les choisis plutôt
Que de ne pas tenir votre main chaude et vive

A l'heure où, s'exhalant comme un ardent soupir,
Les cloches de Venise épandent dans l'espace
Ce cri voluptueux d'alarme et de désir:
«Jouir, jouir du temps qui passe!»

L'ILE DES FOLLES A VENISE

La lagune a le dense éclat du jade vert.
Le noir allongement incliné des gondoles
Passe sur cette eau glauque et sous le ciel couvert.
— Ce rose bâtiment, c'est la maison des folles.

Fleur de la passion, île de Saint-Clément,
Que de secrets bûchers dans votre enceinte ardente!
La terre desséchée exhale un fier tourment,
Et l'eau se fige autour comme un cercle du Dante.

— Ce soir mélancolique où les cieux sont troublés,
Où l'air appesanti couve son noir orage,
J'entends ces voix d'amour et ces cœurs exilés
Secouer la fureur de leurs mille mirages!

Le vent qui fait tourner les algues dans les flots
Et m'apporte l'odeur des nuits de Dalmatie,
Guide jusqu'à mon cœur ces suprêmes sanglots.
— O folie, ô sublime et sombre poésie!

Le rire, les torrents, la tempête, les cris
S'échappent de ces corps que trouble un noir mystère.
Quelle huile adoucirait vos torrides esprits,
Bacchantes de l'étroite et démente Cythère?

Cet automne, où l'angoisse, où la langueur m'étreint,
Un secret désespoir à tant d'ardeur me lie;
Déesse sans repos, sans limites, sans frein,
Je vous vénère, active et divine Folie!

— Pleureuses des beaux soirs voisins de l'Orient,
Déchirez vos cheveux, égratignez vos joues,
Pour tous les insensés qui marchent en riant,
Pour l'amante qui chante, et pour l'enfant qui joue.

O folles! aux judas de votre âpre maison
Posez vos yeux sanglants, contemplez le rivage.
C'est l'effroi, la stupeur, l'appel, la déraison,
Partout où sont des mains, des yeux et des visages.

Folles, dont les soupirs comme de larges flots
Harcèlent les flancs noirs des sombres Destinées,
Vous sanglotez du moins sur votre morne îlot;
Mais nous, les cœurs mourants, nous, les assassinées,

Nous rôdons, nous vivons; seuls nos profonds regards,
Qui d'un vin ténébreux et mortel semblent ivres,
Dénoncent par l'éclat de leurs rêves hagards
L'effroyable épouvante où nous sommes de vivre.

——Par quelle extravagante et morne pauvreté,
Par quel abaissement du courage et du rêve
L'esprit conserve-t-il sa chétive clarté
Quand tout l'être éperdu dans l'abîme s'achève?

——O folles, que vos fronts inclinés soient bénis!
Sur l'épuisant parcours de la vie à la tombe
Qui va des cris d'espoir au silence infini,
Se pourrait-il vraiment qu'on marche sans qu'on tombe?

Se pourrait-il vraiment que le courage humain,
Sans se rompre, accueillît l'ouragan des supplices?
Douleur, coupe d'amour plus large que les mains,
Avoir un faible cœur, et qu'un Dieu le remplisse!

——Amazones en deuil, qui ne pouvez saisir
L'ineffable langueur éparse sur les mondes,
Sanglotez! A vos cris de l'éternel désir,
Des bords de l'infini les amants vous répondent…

NUIT VÉNITIENNE

Deux étoiles d'argent éclairent l'ombre et l'eau,
On entend le léger clapotement du flot
Qui baise les degrés du palais Barbaro;

Une vague, en glissant, répond à l'autre vague:
Enlaçante tristesse, appel dolent et vague.
Un vert fanal, sur l'eau, tombe comme une bague.

Des gondoles s'en vont, paisible glissement.
Deux hommes sont debout et parlent en ramant;
On n'entend que la vague et leur voix seulement...

La nuit est comme un bloc d'agate monotone.
Un volet qu'on rabat, subitement détonne
Dans le silence. Où donc est morte Desdémone?

Un navire de guerre est amarré là-bas.
Le vent est si couché, si nonchalant, si bas,
Que le sel de la mer, ce soir, ne se sent pas.

Venise a la couleur dormante des gravures.
Sous le masque des nuits et sa noire guipure,
Deux mains, dans un jardin, ouvrent une clôture.

Les hauts palais dormants, aux marbres effrités,
Luisent sur le canal somnolent, arrêté,
Qui semble une liquide et molle éternité...

—Belle eau d'un pâle enfer qui m'attire et me touche,
Puisque la mort, ce soir, n'a rien qui m'effarouche,
Montez jusqu'à mon cœur, montez jusqu'à ma bouche...

MIDI SONNE AU CLOCHER DE LA TOUR SARRASINE

Ne recherche pas la cause de la turbulence:
c'est l'affaire de la mystérieuse nature...

Midi sonne au clocher de la tour sarrasine.
Un calme épanoui pèse sur les collines;
Les palmes des jardins font insensiblement
Un geste de furtif et doux assentiment.
Le vent a rejeté ses claires arbalètes
Sur la montagne, entre la neige et les violettes!
Les rumeurs des hameaux ont le charme brouillé
D'une vague, glissant sur de blancs escaliers...
— O calme fixité, que ceint un clair rivage,
L'Amour rayonne au centre indéfini des âges!
Un noir cyprès, creusé par la foudre et le vent,
Ondulant dans l'air tiède, officiant, rêvant,
Semble, par sa débile et céleste prière,
Un prophète expirant, entr'ouvert de lumière!
— Aérienne idylle, envolement d'airain,
La cloche au chant naïf du couvent franciscain
Répond au tendre appel de la cloche des Carmes.
L'olivier, argenté comme un torrent de larmes,
Imite, en se courbant sous les placides cieux,
L'humble adoration des cœurs minutieux...
— Quel vœu déposerai-je en vos mains éternelles,
Sainte antiquité grecque, ô Moires maternelles?
Déjà bien des printemps se sont ouverts pour moi.
Au pilier résineux de chacun de leurs mois
J'ai souffert ce martyre enivrant et terrible,
Près de qui le bonheur n'est qu'un ennui paisible...
Je ne verrai plus rien que je n'aie déjà vu.
Je meurs à la fontaine où mon désir a bu:
Les battements du cœur et les beaux paysages,
L'ouragan et l'éclair baisés sur un visage,
L'oubli de tout, l'espoir invincible, et plus haut
L'extase d'être un dieu qui marche sur les flots;
La gloire d'écouter, seule, dans la nature,
L'universelle Voix, dont la céleste enflure

Proclame dans l'azur, dans les blés, dans les bois,
«Ame, je te choisis et je me donne à toi,»
Tout cela qui frissonne et qui me fit divine,
Je ne le goûterai que comme un front s'incline
Sur le miroir, voilé par l'ombre qui descend,
Où déjà s'est penché son rire adolescent...
— Mais la fougueuse vie en mon cœur se déchaîne:
O son des Angélus dans les faubourgs de Gênes,
Tandis qu'au bord des quais, où règne un lourd climat,
Les vaisseaux entassés, les cordages, les mâts,
Semblent, dans le ciel pâle où la chaleur s'énerve,
De noirs fuseaux, tissant la robe de Minerve!
Vieille fontaine arabe, au jet d'eau mince et long,
Exilée en Sicile, en de secrets vallons.
Soirs du lac de Némi, soirs des villas romaines,
Où la noble cascade en déroulant sa traîne
Sur un funèbre marbre, imite la pudeur
De la Mélancolie, errante dans ses pleurs,
Et qu'un faune poursuit sur la rapide pente...
— Muet accablement d'un square d'Agrigente:
Jardin tout excédé de ses fleurs, où j'étais
La Mémoire en éveil d'un monde qui se tait.
Dans ce dormant Dimanche amolli et tenace,
Mêlée à l'étendue, éparse dans l'espace,
Etrangère à mon cœur, à mes pesants tourments,
Je n'étais plus qu'un vaste et pur pressentiment
De tous les avenirs, dont les heures fécondes
S'accompliront sans nous jusqu'à la fin des mondes...
— Chaud silence; et l'élan que donne la torpeur!
L'air luit; le sifflement d'un bateau à vapeur
Jette son rauque appel à la rive marchande.
Une glu argentée entr'ouvre les amandes;
De lourds pigeons, heurtés aux arceaux d'un couvent,
Font un bruit éclatant de satin et de vent,
Comme un large éventail dans les nuits sévillanes...
Sur l'aride sentier, un pâtre sur un âne
Chantonne, avec l'habile et perfide langueur
D'une main qui se glisse et qui cherche le cœur...

— Par ce cristal des jours, par ces splendeurs païennes,
Seigneur, préservez-nous de la paix quotidienne
Qui stagne sans désir, comme de glauques eaux!

Nous avons faim d'un chant et d'un bonheur nouveau!
Je sais que l'âpre joie en blessures abonde,
Je ne demande pas le repos en ce monde;
Vous m'appelez, je vais; votre but est secret;
Vous m'égarez toujours dans la sombre forêt;
Mais quand vous m'assignez quelque nouvel orage,
Merci pour le danger, merci pour le courage!
A travers les rameaux serrés, je vois soudain
La mer, comme un voyage exaltant et serein!
Je sais ce que l'on souffre, et si je suis vivante,
C'est qu'au fond de la morne ou poignante épouvante,
Lorsque parfois ma force extrême se lassait,
Un ange, au cœur cerclé de fer, me remplaçait...
— Et pourtant, je ne veux pas amoindrir ma chance
D'être le lingot d'or qui brise la balance;
D'être, parmi les cœurs défaillants, incertains,
L'esprit multiplié qui répond au Destin!
Je n'ai pas peur des jours, du feu, du soir qui tombe;
Dans le désert, je suis nourrie par les colombes.
Je sais bien qu'il faudra connaître en vous un jour
La fin de tout effort, l'oubli de tout amour,
Nature! dont la paix guette notre agonie.

Mais avant cet instant de faiblesse infinie,
Traversant les plateaux, les torrents hauts ou secs,
Chantant comme faisaient les marins d'Ionie
Dans l'odeur du corail, du sel et du varech,
J'irai jusqu'aux confins de ces rochers des Grecs,
Où les flots démontés des colonnes d'Hercule
Engloutissaient les nefs, au vent du crépuscule!...

JE N'AI VU QU'UN INSTANT...

Je n'ai vu qu'un instant les pays beaux et clairs,
Sorrente, qui descend, fasciné par la mer,
Tarente, délaissé, qui fixe d'un œil vague
Le silence entassé entre l'air et les vagues;
Salerne, au cœur d'ébène, au front blanc et salé,
Où la chaleur palpite ainsi qu'un peuple ailé;
Amalfi, où j'ai vu de pourpres funérailles
Qu'accompagnaient des jeux, des danses et des chants,
Surprises tout à coup, sous le soleil couchant,
Par les parfums, croisés ainsi que des broussailles...
Foggia, ravagé de soleil, étonné
De luire en moisissant comme un lis piétiné;
Pompéi, pavoisé de murs peints qui s'écaillent,
Pæstum qu'on sent toujours visité par les dieux,
Où le souffle marin tord l'églantier fragile,
Où, le soir, on entend dans l'herbage fiévreux
Ce long hennissement qui montrait à Virgile,
Ebloui par son rêve immense et ténébreux,
Apollon consolant les noirs chevaux d'Achille...

Ces rivages de marbre embrassés par les flots,
Où les mânes des Grecs ensevelis m'attirent,
Je ne les ai connus que comme un matelot
Voit glisser l'étendue au bord de son navire;
Ce n'était pas mon sort, ce n'était pas mon lot
D'habiter ces doux lieux où la sirène expire
Dans un sursaut d'azur, d'écume et de sanglot!
Loin des trop mols climats où les étés s'enlizent,
C'est vous mon seul destin, vous, ma nécessité,
Rivage de la Seine, âpre et sombre cité,
Paris, ville de pierre et d'ombre, aride et grise,
Où toujours le nuage est poussé par la brise,
Où les feuillages sont tourmentés par le vent,
Mais où, parfois, l'été, du côté du levant,
On voit poindre un azur si délicat, si tendre,
Que, par la nostalgie, il nous aide à comprendre
La clarté des jardins où Platon devisait,
La cour blanche où Roxane attendait Bajazet,
La gravité brûlante et roide des Vestales

Qu'écrasait le fardeau des nuits monumentales;
La mer syracusaine où soudain se répand
—Soupir lugubre et vain que la nature exhale,—
Le cri du batelier qui vit expirer Pan...
—Oui, c'est vous mon destin, Paris, cité des âmes,
Forge mystérieuse où les yeux sont la flamme,
Où les cœurs font un sombre et vaste rougeoiment,
Où l'esprit, le labeur, l'amour, l'emportement
Elèvent vers les cieux, qu'ils ont choisis pour cible,
Une Babel immense, éparse, intelligible,
Cependant que le sol, où tout entre à son tour,
En mêlant tous ses morts fait un immense amour!

AINSI LES JOURS S'EN VONT...

Ainsi les jours s'en vont, rapides et sans but,
Nous les appelons doux quand ils sont monotones,
Et l'âme, habituée à combattre, s'étonne
De ne plus espérer et de ne souffrir plus.

Qu'est-ce donc que l'on veut, qu'on espère et prépare,
Que souhaitons-nous donc, quand, l'esprit plus dispos
Qu'un bleu matin qui luit dans le vitrail des gares,
Nous sommes harassés de calme et de repos?

Les délices, la paix ne sont pas suffisantes,
Un courageux élan veut aller jusqu'aux pleurs.
La passion convie à des fêtes sanglantes:
Tout est déception qui n'est pas la douleur!

Souffrir, c'est tout l'espoir, toute la diligence
Que nous mettons à fuir le paisible présent,
Lorsque ignorants du but et tentés par la chance
Nous rêvons au départ, brutal et complaisant.

Je le sais et je songe à mes brûlants voyages,
Au sol oriental, crayeux, sombre et vermeil,
Au campanile aigu, brillant sur le rivage
Comme un blanc diamant lancé vers le soleil!

Je songe au frais palais de Naples, à ses musées
Où règne un blanc climat, nonchalant, engourdi,
Où, dans l'albâtre grec, amplement s'arrondit
La face de Junon, éclatante et rusée!

Je songe à cette salle illustre, où je voyais
Des danseuses d'argent, dans leurs gaines de lave,
Fixer sur mon destin,—fortes, riantes, braves,—
Leurs yeux d'émail, pareils à de sombres œillets.

Je vois le vieil Homère et ses yeux sans prunelle
Où mon triste regard s'enfonçait pas à pas,
Comme ces voiliers qui, sur la mer éternelle,
Se perdent dans la brume et ne reviennent pas...

Je me souviens de vous, jeune Milésienne,
Beau torse mutilé qui demeurez debout,
Comme on voit, en été, les gerbes de blé roux
Noblement se dresser dans l'onde aérienne;

Et de vous, Amazone à cheval, et pliant
Sous le choc d'une flèche impétueuse et fourbe,
Et qui semblez mourir d'amour, en suppliant
Le vague meurtrier qui vous blesse et vous courbe.

Aigle maigre et divin convoitant un enfant,
Je vous vois, Jupiter, auprès de Ganymède;
Votre œil de proie, où brille un amour sans remède,
Mêle un rêve soumis à vos airs triomphants.

Je me souviens de vous, jeune guerrier de marbre,
Agile Harmodius auprès de votre ami,
Qui figurez, levant vos deux bras à demi,
L'élan de l'épervier et du vent dans les arbres!

Qu'il fut beau le voyage anxieux que je fis
Sur des rives qu'assaille un été frénétique!
Et je songe, ce soir, avec un cœur surpris,
A ces temps où ma vie, errante et nostalgique,

Ressemblait par ses pleurs, ses rêves, ses défis,
Son ardeur à mourir et ses sursauts lyriques,
Aux groupes des héros dans les musées antiques...

LE RETOUR AU LAC LÉMAN

Je retrouve le calme et vaste paysage:
C'est toujours sur les monts, les routes, les rivages,
Vos gais bondissements, chaleur aux pieds d'argent!
Le monde luit au sein de l'azur submergeant
Comme une pêcherie aux mailles d'une nasse;
Je vois, comme autrefois, sur le bord des terrasses,
Des jeunes gens; l'un rêve, un autre fume et lit;
Un balcon, languissant comme un soir au Chili,
Couve d'épais parfums à l'ombre de ses stores.
Le lac, tout embué d'avoir noyé l'aurore,
Encense de vapeurs le paresseux été;
Et le jour traîne ainsi sa parfaite beauté
Dans une griserie indolente et muette.
Soudain l'azur fraîchit, le soir vient; des mouettes
S'abattent sur les flots; leur vol compact et lourd
Qui semble harceler la faiblesse du jour
Donne l'effroi subit des mauvaises nouvelles...
Il semble, tant l'éther est comblé par des ailes,
Que quelque arbre géant, par le vent agité,
Laisse choir ce feuillage agile et duveté.
Et le soleil s'abaisse, et, comme un doux désastre,
Frappé par les rayons du soleil vertical
Tout s'attriste, languit; le lac oriental
A le liquide éclat des métaux dans les astres;
Et le cœur est soudain par le soir attaqué...

Et tous deux nous marchons sur les dalles du quai.
Nous sommes, un instant, des vivants sur la terre;
Ces montagnes, ces prés, ces rives solitaires
Sont à nous; et pourtant je ne regarde plus
Avec la même ardeur un monde qui m'a plu.
Je laisse s'écouler aux deux bords de mon âme
Les ailes, les aspects, les effluves, les flammes;
Je ne répondrai pas à leur frivole appel:
Mon esprit tient captifs des oiseaux éternels.
Je ne regarde plus que la cime croissante
Des arbres, qui toujours s'efforçant vers le ciel,
Détachant leur regard des plaines nourrissantes,
Écoutent la douceur du soir confidentiel

Et montent lentement vers la lune ancienne...
Je songe au noble éclat des nuits platoniciennes,
A la flotte détruite un soir syracusain,
A Eschyle, inhumé à l'ombre des raisins,
Dans Géla, sous la terre heureuse de Sicile.
Je songe à ces déserts où florissaient des villes;
A cet entassement de siècles et d'ardeur
Que le soleil toujours, comme un divin voleur,
Va puiser dans la tombe et redonne à la nue.
Je songe à la vie ample, antique, continue;
Et à vous, qui marchez près de moi, et portez
Avec moi la moitié du rêve et de l'été;
A vous, qui comme moi, témoin de tous les âges,
Tenez l'engagement, plein d'un grave courage,
De bien vous souvenir, en tout temps, en tout lieu,
Que l'homme en insistant réalise son Dieu,
Et qu'il a pour devoir, dans la Nature obscure,
De la doter d'une âme intelligible et pure,
De guider l'Univers avec un cœur si fort
Que toujours soit plus beau chaque instant qui se lève;
Et d'écouter avec un mystique transport
Les sublimes leçons que donnent à nos rêves
L'infatigable voix de l'amour et des morts...

OCTOBRE ET SON ODEUR...

Octobre, et son odeur de vent, de brou de noix,
D'herbage, de fumée et de froides châtaignes,
Répand comme un torrent l'alerte désarroi
Du feuillage arraché et des fleurs qui s'éteignent.

Dans l'éther frais et pur, et clair comme un couteau,
Le soleil romanesque en hésitant arrive,
Et sa paille dorée est comme un clair chapeau
Dont les bords lumineux s'inclinent sur la rive...

—Automne, quel est donc votre séduction?
Pourquoi, plus que l'été, engagez-vous à vivre?
Bacchante aux froides mains, de quelle région
Rapportez-vous la pomme au goût d'ambre et de givre?

Dans votre air épuré, argentin, élagué,
On entend bourdonner une dernière abeille.
Le soleil, étourdi et déjà fatigué,
Ne s'assied qu'un instant à l'ombre de la treille;

Les rosiers, emmêlés aux rayons blancs du jour,
Les dahlias, voilés de gouttes d'eau pesantes,
Sont encore encerclés de guêpes bruissantes,
Mais la rouille du temps les gagne tour à tour.

La fontaine sanglote une froide prière;
Dans le saule, un oiseau semble faire le guet,
Tant son cri est prudent, défiant, inquiet.
Mais les cieux, les doux cieux, ont des lacs de lumière...

—Ces glauques flamboiements, cette poussière d'or,
Cet azur, embué comme une pensée ivre,
Ces soleils oscillant comme un vaisseau qui sort
De la rade, chargé de baumes et de vivres,

Flotteront-ils au toit d'un couvent florentin,
Sur les verts bananiers des Iles Canaries,
Dans un vallon d'Espagne, où jamais ne s'éteint
L'écarlate lampion des grenades mûries,
Tandis que nous entrons dans l'hiver obsédant,
Dans l'étroite saison, où, seule, la musique
Fait un espace immense, et semble un confident
Qui, saturé des pleurs de nos soirs nostalgiques,

Les porte jusqu'aux cieux, avec un cri strident!

LES RIVES ROMANESQUES

Soir paresseux des lacs, douceur lente des rames
Qui, sur l'eau susceptible, élancez des frissons,
Romanesque blancheur des terrasses, chansons
Que des nomades font retentir, où se pâme
Le vocable éternel du triste amour, quelle âme
Tromperez-vous ce soir par votre déraison?

L'absorbante chaleur voile les monts d'albâtre,
Un généreux feuillage abrite les chemins,
Les hameaux ont l'odeur du laitage et de l'âtre;
Et les montagnes sont, dans l'espace bleuâtre,
Hautes et torturées comme un courage humain.

Au loin les voiliers las ont l'air de tourterelles,
Qui, dans ce paradis liquide et sommeillant,
Renonçant à l'éther laissent flotter leurs ailes
Et gisent, transpercés par le flot scintillant.

Et la nuit vient, serrant ses mailles d'argent sombre
Sur l'Alpe bondissante où le jour ruisselait,
Et c'est comme un subit, sournois coup de filet
Capturant l'horizon, qui palpite dans l'ombre
Comme un peuple d'oiseaux aux voûtes d'un palais...

Un vert fanal au port tremble dans l'eau tranquille;
Tout a la calme paix des astres arrêtés;
Il semble qu'on soit loin des champs comme des villes;
L'air est ample et profond dans l'immobilité;
Et l'on croit voir jaillir de sensibles idylles
De toute la douceur de cette nuit d'été!

—Pourquoi nous trompez-vous, beauté des paysages,
Aspect fidèle et pur des romanesques nuits,
Engageante splendeur, vent courant comme un page,

Secrète expansion des odeurs, calme bruit,
Silencieux désirs montant du fond des âges?

Pourquoi nous faites-vous espérer le bonheur
Quand, par de là les lois, l'esprit, la conscience,
Vous ressemblez au but qu'entrevoit le coureur?
Dans un séjour où rien n'est péché ni douleur,
Sous l'arbre désormais béni de la science
Vous convoquez les corps et les cœurs pleins d'ardeur!

Mais, hélas! les humains et la grande Nature
N'échangent plus leur sombre et différente humeur;
Entre eux tout est mensonge, épouvante, imposture;
Les souhaits infinis, les peines, les blessures
Ne trouvent pas en elle un remède à leurs pleurs.
La terre indifférente, exhalant ses senteurs,
N'a d'accueil maternel que pour celui qui meurt.

— Terre, prenez les morts, soyez douce à leur rêve;
Serrez-les contre vous, rendez-les éternels,
Donnez-leur des matins de rosée et de sève,
Mêlez-les à vos fruits, vos métaux et vos sels.

Qu'ils soient participants à vos soins innombrables,
Que, depuis le sol noir jusqu'au divin éther,
Plus légers, plus nombreux que les vents du désert,
Ils aillent, légion furtive, impondérable!

Mais nous, nous ne pouvons qu'être des cœurs humains:
Nous habitons l'esprit, les passions, la foule;
Nous sommes la moisson et nous sommes la houle;
Nous bâtissons un monde avec nos tristes mains;
Et tandis que le jour insouciant se lève
Sans jamais secourir ou protéger nos rêves,
La force de nos cœurs construit les lendemains...

AU PAYS DE ROUSSEAU

Le lac, plus lent qu'une huile azurée, se repose,
Et le doux ciel, couleur d'abricot et de rose,
Penche sur lui sa calme et pensive langueur.
Les grillons, dans les prés, ont commencé leurs chœurs:
Scintillement sonore, et qui semble un cantique
Vers la première étoile, humble et mélancolique,
Qui fait trembler aux cieux sa liquide lueur...

L'automne épand déjà ses fumeuses odeurs.

Un voilier las, avec ses deux voiles dressées,
Rêve comme un clocher d'église délaissée.
Touffus et frémissants dans le soir spacieux,
Les peupliers ont l'air de hauts cyprès joyeux;
Au bord des champs où flotte une vapeur d'albâtre
Les cloches des troupeaux semblent fêter le pâtre.
Teinté de sombre argent, un cèdre contourné
A le tumulte obscur d'un nuage enchaîné
Qui roule sur l'éther sa foudre ténébreuse...
Et l'ombre vient, luisante, épandue, onctueuse.
Les montagnes sur l'eau pèsent légèrement;
Tout semble délicat, plein de détachement,
On ne sait quelle éparse et vague quiétude
Médite. Un clair fanal, douce sollicitude,
Egoutte dans les flots son rubis scintillant.
O nuits de Lamartine et de Chateaubriand!
Vent dans les peupliers, sources sur les collines,
Tintement des grelots aux coursiers des berlines,
Villages traversés, secrète humidité
Des vallons où le frais silence est abrité!
Calme lampe aux carreaux d'une humble hôtellerie,
Bruit pressé des torrents, travaux des bûcherons,
Vieux hêtres abattus dont les écorces font
Flotter un parfum d'eau et de menuiserie,
Quoi! j'avais délaissé vos poignantes douceurs?
Retirée en un grave et mystique labeur,
Le regard détourné, l'âme puissante et rude,
Je montais vers ma paix et vers ma solitude!

Nature, accordez-moi le plus d'amour humain,
Le plus de ses clartés, le plus de ses ténèbres,
Et la grâce d'errer sur les communs chemins,
Loin de toute grandeur isolée et funèbre;

Accordez-moi de vivre encor chez les vivants,
D'entendre les moulins, le bruit de la scierie,
Le rire des pays égayés par le vent,
Et de tout recevoir avec un cœur qui prie,

Un cœur toujours empli, toujours communicant,
Qui ne veut que sa part de la tâche des autres,
Et qui ne rêve pas à l'écart, évoquant
L'auréole orgueilleuse et triste des apôtres!

Que tout me soit amour, douceur, humanité:
La vigne, le village et les feux de septembre,
Les maisons rapprochées de si bonne amitié,
L'universel labeur dans le secret des chambres;

Et que je ne sois plus,—au-dessus des abîmes
Où mon farouche esprit se tenait asservi,—
Comme un aigle blessé en atteignant les cimes,
Qui ne peut redescendre, et qu'on n'a pas suivi!

UN SOIR EN FLANDRE

Ah! si d'ardeur ton cœur expire,
Si tu meurs d'un rêve hautain,
Descends dans le calme jardin,
Ne dis rien, regarde, respire;

Le parfum des pois de senteur
Ouvre ses ailes et se pâme;
Le ciel d'azur, le ciel de flamme,
Est sombre à force de chaleur!

Demeure là, les mains croisées,
Les yeux perdus à l'horizon,
A voir luire sur les maisons
Les toits aux pentes ardoisées.

Des coqs, chantant dans le lointain,
Soupirent comme des colombes
Sous la chaleur qui les surplombe.
Le soir semble un brumeux matin.

Douceur du soir! le hameau fume,
La rue est vive comme un quai
Où le poisson est débarqué;
Un pigeon flotte, blanche écume.

Vois, il n'y a pas que l'amour
Sur la profonde et douce terre;
Sache aimer cet autre mystère:
L'effort, le travail, le labour.

Des corps, que la vie exténue,
S'en viennent sur les pavés bleus;
Les bras, les visages caleux
Sont emplis de joie ingénue.

Un homme tient un arrosoir;
Ce plumage d'eau se balance
Sur les choux qui, dans le silence,
Goûtent aussi la paix du soir.

Il se forme au ciel un nuage;
Regarde les bonds, les sursauts,
De quatre tout petits oiseaux,
Qui volent sur le ciel d'orage!

Un œillet tremble, secoué
D'un coup vif de petite trique,
Quand le lourd frelon électrique
A sa tige reste cloué.

Par la vapeur d'eau des rivières
Les prés verts semblent enlacés;
Le soir vient, les bruits ont cessé;
—Etranger, mon ami, mon frère,

Il n'est pas que la passion,
Que le désir et que l'ivresse,
La nature aussi te caresse
D'une paisible pression;

Les rêves que ton cœur exhale
Te font gémir et défaillir;
Eteins ces feux et viens cueillir
Le jasmin aux quatre pétales.

Abdique le sublime orgueil
De la langueur où tu t'abîmes,
Et vois, flambeau des vertes cimes,
Bondir le sauvage écureuil!

BONTÉ DE L'UNIVERS QUE JE CROYAIS ÉTEINTE...

Bonté de l'univers que je croyais éteinte,
Tant vous aviez déçu la plus fidèle ardeur,
Je ressens aujourd'hui vos suaves atteintes;
Ma main touche, au jardin succulent de moiteur,
Le sucre indigo des jacinthes!

Les oiseaux étourdis, au vol brusque ou glissant,
Dans le bleuâtre éther qu'emplit un chaud vertige,
D'un gosier tout enduit du suc laiteux des tiges
Font jaillir, comme un lis, leurs cris rafraîchissants!

—Et, bien que le beau jour soit loin de la soirée,
Bien qu'encor le soleil étende sur les murs
Sa nappe de safran éclatante et moirée,
Déjà la molle lune, au contour pâle et pur,
Comme un soupir figé rêve au fond de l'azur...

CHALEUR DES NUITS D'ÉTÉ...

O nuit d'été, maladie inconnue,
combien tu me fais mal!
JULES LAFORGUE.

Chaleur des nuits d'été, comme une confidence
Dans l'espace épandue, et semblant aspirer
Le grand soupir des cœurs qui songent en silence,
Je vous contemple avec un désespoir sacré!

Les passants, enroulés dans la moiteur paisible
De cette nuit bleuâtre au souffle végétal,
Se meuvent comme au fond d'un parc oriental
L'ombre des rossignols furtifs et susceptibles.

Une femme, un enfant, des hommes vont sans bruit
Dans la rue amollie où le lourd pavé luit;
C'est l'heure où les Destins plus aisément s'acceptent:
Tout effort est dans l'ombre oisive relégué.
Les parfums engourdis et compacts interceptent
La circulation des zéphyrs fatigués.

Il semble que mon cœur soit plus soumis, plus sage;
Je regarde la terre où s'entassent les âges
Et la voûte du ciel, pur, métallique et doux.
Se peut-il que le temps ait, malgré mes courroux,
Apaisé mon délire et son brûlant courage,
Et qu'enfin mon espoir se soit guéri de tout?

La lune éblouissante appuie au fond des nues
Son sublime débris ténébreux et luisant,
Et la nuit gît, distraite, insondable, ingénue;
Son chaud torrent sur moi abondamment descend
Comme un triste baiser négligent et pesant.

Deux étoiles, ainsi que deux âmes plaintives,
Semblent accélérer leur implorant regard.
L'univers est posé sur mes deux mains chétives;
Je songe aux morts, pour qui il n'est ni tôt, ni tard,
Qui n'ont plus de souhaits, de départs et de rives.

Que de jours ont passé sur ce qui fut mon cœur,
Sur l'enfant que j'étais, sur cette adolescente
Qui, fière comme l'onde et comme elle puissante,
Luttait par son amour contre tout ce qui meurt!
Pourtant, rien n'a pâli dans ma chaude mémoire,
Mon rêve est plus constant que le roc sur la mer;
Mais un besoin vivant, fougueux, aride, amer,
Veut que mon cœur poursuive une éternelle histoire
Et cherche en vain la source au milieu du désert.
—Et je regarde, avec une tristesse immense,
Dans le ciel glauque et lourd comme un auguste pleur,
L'étoile qui palpite ainsi que l'espérance,
Et la lune immobile au-dessus de mon cœur...

AUTOMNE

Puisque le souvenir du noble été s'endort,
Automne, par quel âpre et lumineux effort,
— Déjà toute fanée, abattue et moisie,
Jetez-vous ce brûlant accent de poésie?
Votre feuillage est las, meurtri, presque envolé.
C'est fini, la beauté des vignes et du blé;
Le doux corps des étés en vous se décompose;
Mais vous donnez ce soir une suprême rose.

— Ah! comme l'ample éclat de ce dernier beau jour
Soudain réveille en moi le plus poignant amour!
Comme l'âme est par vous blessée et parfumée,
Triste Automne, couleur de nèfle et de fumée!...

ARLES

Mes souvenirs, ce soir, me séparent de toi;
Au-dessus de tes yeux, de ta voix qui me parle,
De ce frais horizon d'églises et de toits,
J'entends, dans ma mémoire où frémit leur émoi,
Les hirondelles sur le ciel d'Arles!

La nuit était torride à l'heure du couchant.
Les doux cieux languissaient comme une barcarolle;
Deux colonnes des Grecs, levant leurs bras touchants,
Semblaient une Andromaque éplorée, et cherchant
A fléchir une ombre qui s'envole!

Ce qu'un beau soir contient de perfide langueur
Ployait dans un silence empli de bruits infimes;
Je regardais, les mains retombant sur mon cœur,
Briller ainsi qu'un vase où coule la chaleur,
Le pâle cloître de Saint-Trophime!

Une brise amollie et peinte de parfums,
Glissait, silencieuse, au bord gisant du Rhône.
Tout ce que l'on obtient me semblait importun,
Mes pensers, mes désirs, s'éloignaient un à un
Pour monter vers d'invisibles zones!

O soleil, engourdi par les senteurs du thym,
Parfums de poivre et d'huile épandus sur la plaine,
Rochers blancs, éventés, où, dans l'air argentin,
On croit voir, se gorgeant des flots du ciel latin,
Les rapides Victoires d'Athènes!

Soir torturé d'amour et de pesants tourments,
Grands songes accablés des roseaux d'Aigues-Mortes,
Musicale torpeur où volent des flamants,
Couleur du soir divin qui promet et qui ments,
C'est ta détresse qui me transporte!

Ah! les amants unis, qui dorment, oubliés,
Dans les doux Alyscamps bercés du clair de lune,
Connaissent, sous le vent léger des peupliers,
Le bonheur de languir, assouvis et liés,
Dans la même amoureuse infortune;

Mais les corps des vivants, aspirés par l'été,
Sont des sanglots secrets que tout l'azur élance.
Je songeais sans parler, lointaine à vos côtés;
Qui jamais avouera l'âpre infidélité
D'un cœur sensuel, dans le silence!...

LA NUIT FLOTTE...

La nuit flotte, amollie, austère, taciturne,
Impérieuse; elle est funèbre comme une urne
Qui se clôt sur un vague et sensible trésor.
Un oiseau, intrigué, dans un arbre qui dort,
Parait interroger l'ombre vertigineuse.
La lune au sec éclat semble une île pierreuse;
Cythère aride et froide où tout désir est mort.

Une vague rumeur émane du silence.
Un train passe au lointain, et son essoufflement
Semble la palpitante et paisible cadence
Du coteau qui respire et songe doucement...

Un parfum délicat, abondant, faible et dense,
Mouvant et spontané comme des bras ouverts,
Révèle la secrète et nocturne existence
Du monde végétal au souffle humide et vert.

Et je suis là. Je n'ai ni souhait, ni rancune;
Mon cœur s'en est allé de moi, puisque ce soir
Je n'ai plus le pouvoir de mes grands désespoirs,
Et que, paisiblement, je regarde la lune.

Je suis la maison vide où tout est flottement.
Mon cœur est comme un mort qu'on a mis dans la tombe;
J'ai longuement suivi ce bel enterrement,
Avec des cris, des deuils, du sang, des tremblements,
Et des égorgements d'agneaux et de colombes.

Mais le temps a séché l'eau des pleurs et le sel.
D'un œil indifférent, sans regret, sans appel,
Eclairé par la calme et triste intelligence,
Je regarde la voûte immense, où les mortels
Ont suspendu les vœux de leur vaine espérance,

Et je ne vois qu'abîme, épouvante, silence;
Car, ô nuit! vous gardez le deuil continuel
De ce que rien d'humain ne peut être éternel...

L'ÉVASION

Libre! comprends-tu bien! être libre, être libre!
Ne plus porter le poids déchirant du bonheur,
Ne plus sentir l'amère et suave langueur
Envahir chaque veine, amollir chaque fibre!

Libre, comme une biche avant le chaud printemps!
Bondir sans rechercher l'ardeur de la poursuite,
Et, dans une ineffable et pétulante fuite,
Disperser la nuée et les vents éclatants!

Se vêtir de fraîcheur, de feuillage, de prismes,
S'éclabousser d'azur comme d'un flot léger;
Goûter, sous les parfums compacts de l'oranger,
Un jeune, solitaire et joyeux héroïsme!

A peine l'aube naît, chaque maison sommeille;
L'atmosphère, flexible et prudente corbeille,
Porte le monde ainsi que des fruits nébuleux.
On croit voir s'envoler le coteau mol et bleu.
Tout à coup, le soleil, ramassé dans l'espace,
Eclate, et vient viser toute chose qui passe;
La brise, étincelante et forte comme l'eau,
Jette l'odeur des fleurs sur le cœur des oiseaux,
Mêle les flots marins, dont la cime moelleuse
Fond dans une douceur murmurante, écumeuse...
Que mon front est joyeux, que mes pas sont dansants!
Je m'élance, je marche au bord des cieux glissants:
Dans mes songes, mes mains se sont habituées
A dénouer le voile odorant des nuées!
L'étendue argentée est un tapis mouvant
Où court la verte odeur des figuiers et du vent;
Dans les jardins bombés, qu'habite un feu bleuâtre,
Les épais bananiers, au feuillage en haillons,
Elancent de leurs flancs, crépitants de rayons,
Le fougueux bataillon des fruits opiniâtres.
Je regarde fumer l'Etna rose et neigeux;
Les enfants, sur les quais, ont commencé leurs jeux.

Chaque boutique, avec ses câpres, ses pastèques,
Baisse sa toile; on voit briller l'enseigne grecque
Sur la porte, qu'un jet de tranchante clarté
Fait scintiller ainsi qu'un thon que le flot noie;
Tout est délassement, espoir, activité;
Mais quel désir d'amour et de fécondité,
Hélas! s'éveille au fond de toute grande joie!

Et pour un nouveau joug, ô mortels! Eros ploie
La branche fructueuse et forte de l'été...

CEUX QUI N'ONT RESPIRÉ...

Ceux qui n'ont respiré que les nuits de Hollande,
Les tulipes des champs, les graines des bouleaux,
Le vent rapide et court qui chante sur la lande,
Les quais du Nord jetant leur goudron sur les flots,

Ceux qui n'ont contemplé que les blés et les vignes
Croissant tardivement sous des cieux incertains,
Qui n'ont vu que la blanche indolence des cygnes
Que Bruges fait flotter dans ses brumeux matins,

Ceux pour qui le soleil, au travers du mélèze,
Pendant les plus longs jours d'avril ou de juillet,
Remplace la splendeur des campagnes malaises,
Et les soirs sévillans enivrés par l'œillet,

Ceux-là, vivant enclos dans leurs frais béguinages,
Souhaitent le futur et vague paradis,
Qui leur promet un large et flamboyant voyage
Où s'embarquent les cœurs confiants et hardis.

Mais ceux qui, plus heureux, ont connu votre audace,
O bleuâtre Orient! Incendie azuré,
Prince arrogant et fier, favori de l'espace,
Monstre énorme, alangui, dévorant et doré;

Ceux qui, sur le devant de leur ronde demeure,
Coupole incandescente, opacité de chaux,
Ont vu la haute palme éparpiller les heures,
Qui passent sans marquer leurs pieds sur les cieux chauds;

Ceux qui rêvent le soir dans le grand clair de lune,
Aurore qui soudain met sa robe d'argent
Et trempe de clarté la rue étroite et brune,
Et le divin détail des choses et des gens,

Ceux qui, pendant les nuits d'ardente poésie,
Egrenant un collier fait de bois de cyprès,
Contemplent, aux doux sons des guitares d'Asie,
Le long scintillement d'un jet d'eau mince et frais,

Ceux-là n'ont pas besoin des infinis célestes;
Nul immortel jardin ne surpasse le leur;
Ils épuisent le temps, pendant ces longues siestes
Où leur corps étendu porte l'ombre des fleurs.

Leur âme nonchalante, et d'azur suffoquée,
Cherche la Mort, pareille à l'ombrage attiédi
Que font le vert platane et la jaune mosquée
Sur le col des pigeons, attristés par midi...

LE CIEL BLEU DU MILIEU DU JOUR...

Le ciel bleu du milieu du jour vibre, travaille,
Encourage les champs, les vignes, les semailles,
Comme un maître exalté au milieu des colons!
Tout bouge; sous les frais marronniers du vallon,
L'abeille noire, avec ses bonds soyeux et brusques,
Semble un éclat volant de quelque amphore étrusque.
Sur les murs villageois, le vert abricotier
S'écartèle, danseur de feuillage habillé.
Les parfums des jardins font au-dessus du sable,
Une zone qui semble au cœur infranchissable.
L'air fraîchit. On dirait que de secrets jets d'eau
Sous les noirs châtaigniers suspendent leurs arceaux.
L'hirondelle, toujours par une autre suivie,
Tourne, et semble obéir à des milliers d'aimants:
L'espace est sillonné par ces rapprochements...
—Et parfois, à côté de cette immense vie
On voit, protégé par un mur maussade et bas,
Le cimetière où sont, sans regard et sans pas,
Ceux pour qui ne luit plus l'étincelante fête,
Qui fait d'un jour d'été une heureuse tempête!
Hélas! dans le profond et noir pays du sol,
Malgré les cris du geai, le chant du rossignol,
Ils dorment. Une enfant, sans frayeur, près des tombes,
Traîne un jouet brisé qui ricoche et retombe.
Ils sont là, épandus dans les lis nés sur eux,
Ces doux indifférents, ces grands silencieux;
Et la route qui longe et contourne leur pierre,
Eclate, rebondit d'un torrent de poussière
Que soulève, en passant, le véhément parcours
Des êtres que la mort prête encor à l'amour...
—Et moi qui vous avais délaissée, humble terre,
Pour contempler la nue où l'âme est solitaire,
Je sais bien qu'en dépit d'un rêve habituel,
Nul ne saurait quitter vos chemins maternels.
En vain, l'intelligence, agile et sans limite,
Avide d'infini, vous repousse et vous quitte;
En vain, dans les cieux clairs, de beaux oiseaux pensants
Peuplent l'azur soumis d'héroïques passants,
Ils seront ramenés et liés à vos rives,

Par le poids du désir, par les moissons actives,
Par l'odeur des étés, par la chaleur des mains...

— Vaste Amour, conducteur des éternels demains,
Je reconnais en vous l'inlassable merveille,
L'inexpugnable vie, innombrable et pareille:
O croissance des blés! ô baisers des humains!

LA TERRE

Je me suis mariée à vous
Terre fidèle, active et tendre,
Et chaque soir je viens surprendre
Votre arome secret et doux.

Ah! puisque le divin Saturne
Porte un anneau qui luit encore,
Je vous donne ma bague d'or,
Petite terre taciturne!

Elle est comme un soleil étroit,
Elle est couleur de moisson jaune,
Aussi chaude qu'un jeune faune
Puisqu'elle a tenu sur mon doigt!

—Et qu'un jour, dans l'espace immense,
Brille, ceinte d'un lien doré,
La Terre où j'aurai respiré
Avec tant d'âpre véhémence!

UN SOIR A LONDRES

Les parfums vont en promenade
Sur l'air brumeux,
Une âme ennuyée et malade
Flotte comme eux.

Les rhodendrons des pelouses,
D'un lourd éclat,
Semblent des collines d'arbouses
Et d'ananas.

Un temple grec dans le feuillage
Semble un secret,
Où Vénus voile son visage
Dans ses doigts frais.

O petit fronton d'Ionie,
Que tu me plais,
Dans la langoureuse agonie
D'un soir anglais!

Je t'enlace, je veux suspendre
A ta beauté,
Mon cœur, ce rosier le plus tendre
De tout l'été.

Mais sur tant de langueur divine
Quel souffle prompt?
Je respire l'odeur saline,
Et le goudron!

C'est le parfum qui vient d'Irlande,
C'est le vent, c'est
L'odeur des Indes, qu'enguirlande
L'air écossais!

—O toi qui romps, écartes, creuses
Le ciel d'airain,
Rapide odeur aventureuse
Du vent marin.

Va consoler, dans le Musée
Au beau renom,
La divine frise offensée
Du Parthénon!

Va porter l'odeur des jonquilles,
Du raisin sec,
Aux vierges tenant les faucilles
Et le vin grec.

—Cavalerie athénienne,
O jeunes gens!
Guirlande héroïque et païenne
Du ciel d'argent;

Miel condensé de la nature,
O cire d'or,
Gestes joyeux, sainte Ecriture,
Céleste accord!

Phalange altière et sans seconde,
O rire ailé,
Bandeau royal au front du monde,
Cœur déroulé.

Prenez votre place éternelle,
Votre splendeur,
Dans l'infini de ma prunelle
Et de mon cœur...

—Une maison de brique rouge
Tremble sur l'eau,
On entend un oiseau qui bouge
Dans le sureau.

Quelle céleste main fait fondre
La brume et l'or
Des nébuleux matins de Londres
Et de Windsor?

Des chevreuils, des biches, en bande,
D'un pied dressé
Semblent rôder dans la légende
Et le passé.

La pluie attache sa guirlande
Au bois en fleur:
—Ecoute, il semble qu'on entende
Battre le cœur

De l'intrépide Juliette,
Ivre d'été,
Qui bondit, sanglote, halette
De volupté;

De Juliette qui s'étonne
D'être, en ces lieux,
Plus amoureuse qu'à Vérone
Près des ifs bleus.

—Tout tremble, s'exalte, soupire;
Ardent émoi.
O Juliette de Shakspeare,
Comprenez-moi!...

RIVAGES CONTEMPLÉS

Rivages contemplés au travers de l'amour,
Horizon familier comme une salle ronde,
Où nos yeux enivrés s'interrogeaient toujours,
Dans quel sensible atlas, sur quelle mappemonde,
Reverrai-je vos soirs précis et colorés,
Les suaves chemins où nos pas ont erré
Et que nos cœurs, emplis d'ardeur triste et profonde,
Avaient rendus plus beaux que la beauté du monde?

LA LANGUEUR DES VOYAGES

LLe matinal plaisir du soleil dans l'herbage,
Dessinant des ruisseaux d'intangible cristal;
Les cieux d'été, plus chauds qu'un sensuel visage
Opprimé de désir, altéré d'idéal;
Le hameau romantique au creux d'un roc stérile;
Des jardins de dattiers, épais ainsi qu'un toit;
L'arrivée, au matin, dans d'étrangères villes,
Où, soudain, l'on se sent libéré comme une île
Que bat de tous côtés un flot discret et coi;
Le bitumeux parfum d'une rade en Hollande,
Le bruit de forge en feu des vaisseaux roux et noirs
Que la noble denrée exotique achalande;
Enfin, surtout, l'odeur et la couleur des soirs,
Ont, pour le voyageur que le désir oppresse
Et que guide un mystique et rêveur désespoir,
L'insistante langueur qui prélude aux caresses...

LE PRINTEMPS DU RHIN

(STRASBOURG)

Le vent file ce soir, sous un mol ciel d'airain,
Comme un voilier sur l'Atlantique.
On entend s'éveiller le Printemps souverain,
A la fois plaintif et bachique;

Un abondant parfum, puissant, traînant et las
Triomphe et pourtant se lamente.
Le saule a de soyeux bourgeons de chinchilla
Epars sur la plaine dormante.

Un bouleversement hardi, calme et serein
A rompu et soumis l'espace;
Les messages des bois et l'effluve marin
S'accostent dans le vent qui passe!

Comment s'est-il si vite engouffré dans les bois,
Ce dieu des sèves véhémentes?
Tout encore est si sec, si nu, si mort de froid!
—C'est l'invisible qui fermente!

Là-bas, comme un orage aigu, accumulé,
La flèche de la cathédrale
Ajoute le fardeau de son sapin ailé
A ce ciel qui défaille et qui râle.

—Et moi qui, d'un amour si grave et si puissant,
Contenais la rive et le fleuve,
Je sens qu'un mal divin veut détourner mon sang
De la tristesse où je m'abreuve;

Je sens qu'une fureur rôde aux franges des cieux,
Se suspend, pèse et se balance.

Le printemps vient ravir nos rêves anxieux;
C'est la fougueuse insouciance!

C'est un désordre ardent, téméraire, et si sûr
De sa tâche auguste et joyeuse,
Que, comme une ivre armée en fuite vers l'azur,
Nous courons vers la nue heureuse.

Nous sommes entraînés par toutes les vapeurs
Qui tressaillent et qui consentent,
Par les sonorités, les secrets, les torpeurs,
Par les odeurs réjouissantes!

——Mais non, vous n'êtes pas l'universel Printemps,
O saison humide et ployée
Que j'aspire ce soir, que je touche et j'entends,
Qui m'avez brisée et noyée!

Vous êtes le parfum que j'ai toujours connu,
Depuis ma stupeur enfantine;
La présence aux beaux pieds, le regard ingénu
De ma chaude Vénus latine!

Vous êtes ce subit joueur de tambourin
A qui les montagnes répondent,
Et dont le chant nombreux anime sur le Rhin
La vive effusion de l'onde!

Vous êtes le pollen des hêtres et des lis,
L'amoureuse et vaste espérance,
Et les brûlants soupirs que les nuits d'Eleusis
Ont légués à l'Ile-de-France!

C'est à moi que ce soir vous livrez le secret
De votre grâce turbulente;
Les autres ne verront que l'essor calme et frais
De votre croissance si lente.

Les autres ne verront,—Alsace aux molles eaux
Qu'un zéphyr moite endort et creuse,—
Que vos étangs gisants, qui frappent de roseaux
Votre dignité langoureuse!

Les autres ne verront que vos remparts brisés,
Que vos portes toujours ouvertes,
Où passe sans répit, sous un masque apaisé,
Le tumulte des brises vertes!

Les autres ne verront, ô ma belle cité,
Que la grave et sombre paupière
De tes toits inclinés, qui font à ta fierté
Un voile d'ombre et de prière.

Ils ne verront, ceux-là, de ton songe éternel,
Que ta plaine qui rêve et fume,
Que tes châteaux du soir, endormis dans le ciel.
—J'ai vu ton frein couvert d'écume!

Ceux-là ne sauront voir, à ton balcon fameux,
Que la *Marseillaise* endormie;
—Moi j'ai vu le soleil, de son égide en feu,
Empourprer ta feinte accalmie.

Les autres ne verront que ce grand champ des morts,
Où le Destin s'assied, hésite,
Et contemple le temps assoupi sur les corps...
—Moi j'ai vu ce qui ressuscite!

CE MATIN CLAIR ET VIF...

Ce matin clair et vif comme un midi du pôle,
Où le vent vient filer le blanc coton des saules,
Où, sur le pré touffu, de guêpes entr'ouvert,
On croit voir crépiter un large soleil vert,
Où glissent sur le Rhin, que franchit la cigogne,
Les chalands engourdis qui montent vers Cologne,
Où le village, avec ses lumineux sursauts,
Semble un cercle d'enfants jouant avec de l'eau;
Où j'entends dans les airs les pliantes musiques
Que font en se croisant les brises élastiques;
Ce matin exalté, qui, stagnant ou volant,
Semble appuyer à tout un baiser violent,
Où la blanche chaleur, somnolente tigresse,
Reprend tout l'univers dans sa vaste caresse.
Je songe, ô mon ami, dont je presse la main,
Aux forces du silence et du désir humain,
Puisque le plus profond et plus lourd paysage
Ne vient que de mon cœur et de ton doux visage...

LES NUITS DE BADEN

Dans le pays de Bade, où les soirs sont si lourds,
Où les noires forêts font glisser vers la ville,
Comme un acide fleuve, invisible et tranquille,
L'amère exhalaison du végétal amour,

Que de fois j'ai rêvé sur la terrasse, inerte,
Ecoutant les volets s'ouvrir sur la fraîcheur,
Dans ces secrets instants où les fleurs se concertent
Pour donner à la nuit sa surprenante odeur...

Des voitures passaient, calèches romantiques,
Où l'on voyait deux fronts s'unir pour contempler
Le coup de dés divin des astres, assemblés
Dans l'espace alangui, distrait et fatidique.

O Destin suspendu, que vous m'êtes suspect!
Sous les rameaux courbés des tilleuls centenaires
Un puéril torrent roulait son clair tonnerre;
Des orchestres jouaient dans les bosquets épais,
Mêlant au frais parfum dilaté de la terre,
Cet élément des sons, dont la force éphémère
Distend à l'infini la détresse ou la paix...

O pays de la valse et des larmes sans peines,
Pays où la musique est un vin plus hardi,
Qui, sans blâme et sans heurts, furtivement amène
Les cœurs penchants et las vers le sûr paradis
Des regards emmêlés et des chaleurs humaines,

Combien vous m'avez fait souffrir, lorsque, rêvant
Seule, sur les jardins où les parfums insistent,
J'écoutais haleter le désarroi du vent,
Tandis qu'au noir beffroi, l'horloge, noble et triste,
Transmettait de sa voix lugubre de trappiste
Le menaçant appel des morts vers les vivants!

Oui, je songe à ces soirs d'un mois de mai trop tiède,
Où tous les rossignols se liguaient contre moi,
Où la lente asphyxie amoureuse des bois
Me désolait d'espoir sans me venir en aide;
Les sureaux soupiraient leurs chancelants parfums;
La ville aux toits baissés, comme une jeune abbesse,
Paraissait écarter ses vantaux importuns,
Pour savourer l'espace et pleurer de tendresse!

Tout souffrait, languissait, désirait, sans moyen,
Les voluptés de l'âme et la joie inconnue.
—Quand serez-vous formé, ineffable lien
Qui saurez rattacher les désirs à la nue?

Je pleurais lentement, pour je ne sais quel deuil
Qui, dans les nuits d'été, secrètement m'oppresse;
Et je sentais couler, sur mes mains en détresse,
Du haut d'un noir sapin qui se balance au seuil
Du romanesque hôtel que la lune caresse,
De mols bourgeons, hachés par des dents d'écureuil...

HENRI HEINE

Quand je respire, des milliers d'échos me répondent...
H. HEINE

Henri Heine, j'ai fait avec vous un voyage,
C'était un soir d'automne, encor tiède, encor clair;
Heidelberg fraîchissait sous ses rouges feuillages,
Nous cherchions, dans la rue aux portails entr'ouverts,
L'humble hôtel, romantique et vieux, du *Chasseur Vert*.

Je reposais sur vous, compagnon invisible,
Ma tête languissante et mes cheveux défaits;
Un souriant vieillard marchait, lisant la Bible,
Sur la place où le jour, lumineux et sensible,
Jetait un long appel de désir et de paix...

C'était l'heure engourdie où le soleil s'incline;
Par un mortel besoin de pleurer et de fuir,
J'ai souhaité monter sur la verte colline;
Nous nous sommes ensemble assis dans la berline
Où flottait un parfum de soierie et de cuir,
Et nous vîmes jaillir les romanesques ruines.

Sur la terrasse, auprès de la tour en lambeaux,
Des étudiants riaient avec vos bien-aimées.
Je regardais bondir les délicats coteaux
Qui frisent sous le poids des vignes renommées,
Et l'espace semblait à la fois vaste et clos.

Le Neckar, au courant scintillant et rapide,
Entraînait le soleil parmi ses fins rochers.
Nous étions tout ensemble assouvis et avides;
L'insidieux automne avait sur nous lâché
Ses tourbillons de songe et ses buis arrachés...

O sublime, languide, âpre mélancolie
Des beaux soirs où l'esprit, indomptable et captif,
Veut s'enfuir et ne peut, et rêve à la folie
D'enfermer l'univers dans un amour plaintif!

Tout à coup, dans le parc public, humide et triste,
L'orchestre qui jouait sur les bords de l'étang
Près d'un groupe attentif de studieux touristes,
Lança le son du cor qui chante dans Tristan...

Henri Heine, j'ai su alors pourquoi vos livres
Regorgent de buée et de soudains sanglots,
Pourquoi, riant, pleurant, vous voulez qu'on vous livre
La coupe de Thulé qui dort au fond des flots;

L'amour de la légende et la vaine espérance
Vous hantaient d'un appel sourdement répété:
Hélas! vous aviez trop écouté, dès l'enfance,
Les sirènes du Rhin, à Cologne et Mayence,
Quand l'odeur des tilleuls grise les nuits d'été!

Voyageur égaré dans la forêt des fables,
Moqueur désespéré qu'un mirage appelait,
Ni le chant de la mer d'Amalfi sur les sables,
Ni la Sicile, avec l'olivier et le lait,
Ne pouvait retenir votre vol inlassable,
Pour qui l'espace même est un trop lourd filet!

O soirs de Düsseldorf, quand les toits et leur neige
Font un scintillement de cristal et de sel,
Et que, petit garçon qui rentrait du collège,
Vous évoquiez déjà rêveur universel,
L'oriental aspect de la nuit de Noël!

Pourtant vous goûtiez bien la sensible Allemagne,
Les muguets jaillissant dans ses bois ingénus,
L'horloge des beffrois, dont les coups accompagnent
Les rondes et les chants des filles aux bras nus;

Vous connaissiez le poids sentimental des heures
Qui semblent fasciner l'errante volupté,
Quand l'or des calmes soirs recouvre les demeures,
Les gais marchés, le Dôme et l'Université ;

Mais, fougueux inspiré, fier ami des naïades,
Les humaines amours vous berçaient tristement,
Et vous trouviez, auprès d'une enfant tendre et fade,
La double solitude où sont tous les amants !

Accablé par la voix des forêts mugissantes,
Vous inventiez Cordoue, ses palais et ses bains,
La fille de l'alcade, altière et rougissante,
Qui trahissant son âme offerte aux chérubins,
Soupire auprès d'un jeune et dédaigneux rabbin...

Les frais torrents du Hartz et la mauresque Espagne
Tour à tour enivraient votre insondable esprit.
Que de pleurs près des flots ! de cris sur la montagne !
Que de lâches soupirs, ô Heine ! que surprit
La gloire au front baissé, votre sombre compagne !

Parfois, vers votre cœur que brisaient les démons,
Et qui laissait couler sa détresse infinie,
Vous sentiez accourir, par la brèche des monts,
Les grands vents de Bohême et de Lithuanie ;

Les cloches, les chorals, les forêts, l'ouragan
Qui composent le ciel musical d'Allemagne,
Emplissaient d'un tumulte orageux, où se joignent
Les résineux parfums des arbres éloquents,
Vos Lieder, à la fois déchirés et fringants.

—Mais quand le vent se tait, quand l'étendue est calme,
Vous repoussez le verre où luit le vin du Rhin ;
Le Gange, les cyprès, la paresse des palmes
Vous font de longs signaux, secrets et souverains ;

Et votre œil fend l'azur et les sables marins,
Immobile, extatique et vague pèlerin!

Vous riez, et tandis que tinte votre rire,
Vos poèmes en pleurs invectivent le sort;
Vous chantez, justement, de ne pas pouvoir dire
Les sources et le but d'un multiple délire,
Rossignol florentin, Grèbe des mers du Nord,
Qui mélangez au thym du verger de Tityre
Les gais myosotis des matins de Francfort.

— J'ai vu, un soir d'automne, au bord d'un chaud rivage,
Un grand voilier, chargé de grappes de cassis,
Ne plus pouvoir voguer, tant le faible équipage,
Captif sous un réseau d'effluves épaissis,
Gisait, transfiguré par le philtre imprécis
D'un arome, grisant plus encor qu'un breuvage.

O Heine! ce parfum languissant et fatal,
Cette vigne éthérée et qui pourtant accable,
N'est-ce pas le lointain et pressant idéal
Qui vous persécutait, quand de son blanc fanal
La lune illuminait, dans les forêts d'érables,
Vos soupirs envolés vers sa joue de cristal!

— Vous me l'avez transmis, ce désir des conquêtes,
Cet enfantin bonheur dans les matins d'été,
Ce besoin de mourir et de ressusciter
Pour le mal que nous fait l'espoir et sa tempête;
Vous me l'avez transmis, ô mon brûlant prophète,
Ce céleste appétit des nobles voluptés!

O mon cher compagnon, dès mes jeunes années
J'ai posé dans vos mains mes doigts puissants et doux;
Bien des yeux m'ont déçue et m'ont abandonnée,
Mais toujours vos regards s'enroulent à mon cou,
Sur le chemin du rêve où je marche avec vous...